아이가 주인공인 책

아이는 스스로 생각하고 성장합니다.
아이를 존중하고 가능성을 믿을 때
새로운 문제들을 스스로 해결해 나갈 수 있습니다.

〈기적의 학습서〉는 아이가 주인공인 책입니다.
탄탄한 실력을 만드는 체계적인 학습법으로
아이의 공부 자신감을 높여 줍니다.

가능성과 꿈을 응원해 주세요.
아이가 주인공인 분위기를 만들어 주고,
작은 노력과 땀방울에 큰 박수를 보내 주세요.
〈기적의 학습서〉가 자녀 교육에 힘이 되겠습니다.

학습 스케줄

《기적의 초등 영문법》을 시작하기에 앞서 이 책의 학습 계획표를 세워 보세요.
스스로 지킬 수 있는 오늘의 목표량을 정하고 꾸준히 실천해 보세요.
조금씩이더라도 매일매일 공부하는 습관을 만드는 것이 중요합니다.

학습 내용	학습일	학습 내용	학습일
Unit 1 셀 수 있는 명사, 셀 수 없는 명사	본책 ☐월 ☐일 / 워크북 ☐월 ☐일	**Unit 3** There is, There are	본책 ☐월 ☐일 / 워크북 ☐월 ☐일
Unit 2 셀 수 있는 명사의 복수형	본책 ☐월 ☐일 / 워크북 ☐월 ☐일	**Chapter 3** 실전 테스트	본책 ☐월 ☐일
Unit 3 관사 a, an, the	본책 ☐월 ☐일 / 워크북 ☐월 ☐일	**Unit 1** 일반동사의 긍정문	본책 ☐월 ☐일 / 워크북 ☐월 ☐일
Chapter 1 실전 테스트	본책 ☐월 ☐일	**Unit 2** 일반동사의 부정문	본책 ☐월 ☐일 / 워크북 ☐월 ☐일
Unit 1 인칭대명사의 주격과 목적격	본책 ☐월 ☐일 / 워크북 ☐월 ☐일	**Unit 3** 일반동사의 의문문	본책 ☐월 ☐일 / 워크북 ☐월 ☐일
Unit 2 소유격 인칭대명사와 소유대명사	본책 ☐월 ☐일 / 워크북 ☐월 ☐일	**Chapter 4** 실전 테스트	본책 ☐월 ☐일
Unit 3 비인칭 주어 it	본책 ☐월 ☐일 / 워크북 ☐월 ☐일	**Unit 1** 형용사의 쓰임과 종류	본책 ☐월 ☐일 / 워크북 ☐월 ☐일
Unit 4 지시대명사 this, that	본책 ☐월 ☐일 / 워크북 ☐월 ☐일	**Unit 2** many, much, a lot of, some, any, a few, a little	본책 ☐월 ☐일 / 워크북 ☐월 ☐일
Chapter 2 실전 테스트	본책 ☐월 ☐일	**Unit 3** 셀 수 없는 명사의 수 세기	본책 ☐월 ☐일 / 워크북 ☐월 ☐일
Unit 1 be동사의 긍정문과 부정문	본책 ☐월 ☐일 / 워크북 ☐월 ☐일	**Unit 4** 기수와 서수	본책 ☐월 ☐일 / 워크북 ☐월 ☐일
Unit 2 be동사의 의문문	본책 ☐월 ☐일 / 워크북 ☐월 ☐일	**Chapter 5** 실전 테스트	본책 ☐월 ☐일

기적의 초등 영문법 1

서영조 지음

길벗스쿨

저자 **서영조**

한국외국어대학교 영어과, 동국대학교 대학원 연극영화과 졸업.

20여 년간 국내 학습자들을 위한 유익한 영어 학습 콘텐츠를 개발·집필해 왔다. 초등학생을 위한 영어부터 성인 영어까지, 대상에 따른 맞춤식 접근으로 목표한 바를 쉽게 얻을 수 있는 학습서를 집필하고 있다. 영어를 처음 공부하는 초등 어린이들에게는 소화하기 쉬운 설명과 난이도로, 성인 학습자들에게는 일상생활에 바로 적용할 수 있는 실용적인 콘텐츠로 수많은 독자들에게 각광을 받고 있다. 또한 전문 번역가로서 영어권 도서들과 부산국제영화제를 비롯한 여러 영화제 출품작들을 번역하고 있기도 하다.

지은 책으로 《디즈니 OST 잉글리시》, 《디즈니 주니어 잉글리시 겨울왕국》, 《거의 모든 행동 표현의 영어》, 《영어 회화의 결정적 단어들》 등이 있다.

기적의 초등 영문법 1

Miracle Series – English Grammar for Elementary Students 1

초판 발행 · 2023년 1월 9일
초판 3쇄 발행 · 2023년 8월 21일

지은이 · 서영조
발행인 · 이종원
발행처 · 길벗스쿨
출판사 등록일 · 2006년 7월 1일 | **주소** · 서울시 마포구 월드컵로 10길 56(서교동)
대표 전화 · 02)332-0931 | **팩스** · 02) 323-0586
홈페이지 · www.gilbutschool.co.kr | **이메일** · gilbut@gilbut.co.kr

기획 및 책임편집 · 김소이(soykim@gilbut.co.kr), 이경희 | **디자인** · 이현숙 | **제작** · 김우식
영업마케팅 · 김진성, 문세연, 박선경, 박다슬 | **웹마케팅** · 박달님, 정유리, 권은나, 성채영, 이재윤
영업관리 · 정경화 | **독자지원** · 윤정아, 최희창

편집진행 및 전산편집 · 기본기획 | **표지삽화** · 박지영 | **본문삽화** · 이나영 | **영문 감수** · Ryan P. Lagace
인쇄 · 교보피앤비 | **제본** · 경문제책 | **녹음** · YR미디어

© 서영조, 2023
ISBN 979-11-6406-464-9 64740 (길벗 도서번호 30495)
정가 15,000원

독자의 1초까지 아껴주는 길벗출판사

(주)도서출판 길벗 | IT교육서, IT단행본, 경제경영서, 어학&실용서, 인문교양서, 자녀교육서
www.gilbut.co.kr

길벗스쿨 | 국어학습서, 수학학습서, 유아학습서, 어학학습서, 어린이교양서, 학습단행본
www.gilbutschool.co.kr

길벗스쿨 공식 카페 〈기적의 공부방〉 · cafe.naver.com/gilbutschool
인스타그램/카카오플러스친구 · @gilbutschool

제 품 명 : 기적의 초등 영문법 1
제조사명 : 길벗스쿨
제조국명 : 대한민국
전화번호 : 02-332-0931
주　　소 : 서울시 마포구 월드컵로 10길 56 (서교동)
제조년월 : 판권에 별도 표기
사용연령 : 10세 이상
KC마크는 이 제품이 공통안전기준에 적합하였음을 의미합니다.

우리 아이들에게 영문법은 왜 어려울까요?

초등학생 대부분이 영문법을 어렵고 지루하게 느낍니다. 이 책을 준비하면서 초등학교 4~6학년 학생들에게 '영문법이 어렵게 느껴지는 이유가 무엇인가요?'라고 질문했습니다. 그러자 한 명도 빠짐없이 모두가 '외워야 할 게 많아서'라고 답했습니다.

구체적으로는 to부정사, 동명사 등 외워야 할 '용어'들이 많고, 동사의 변형에서 '예외 규칙'도 알아야 하며, 명사의 복수형도 규칙 변화와 불규칙 변화까지 모두 외워야 해서 어렵다고 했습니다.

영문법은 쉽게 말해서 '**영어 문장**을 만드는 **법**칙'이라 할 수 있습니다. 다양한 문장을 만들기 위해서는 다양한 법칙, 즉 규칙이 필요합니다. 그런데 그 규칙들을 억지로 외우려 하면 힘듭니다. 그렇다고 외우지 않으면 제대로 된 문장을 만들어서 말을 하거나 글을 쓸 수 없겠지요. 그렇다면, 어떻게 해야 영문법 규칙들을 덜 힘들게 외울 수 있을까요?

영문법 규칙을 외우는 효과적인 방법은?

바로 문제 풀이를 통해서입니다. 선생님의 강의를 듣는 것만으로는 문법을 온전히 내 것으로 만들 수 없습니다. 문제를 풀며 문장 규칙을 스스로 생각해 보아야 문법을 제대로 이해할 수 있습니다.

《기적의 초등 영문법》은 바로 그런 방법으로 우리 초등학생들의 영어 고민을 해결해 줍니다. 이 책에서는 같은 유형의 문제를 지루하게 기계적으로 풀어가는 단순 드릴을 시키지 않습니다. 다양한 유형의 문제를 고르게 접하면서 스스로 생각하고 적용하며 문법 규칙들을 자연스럽게 익히도록 합니다.

본책의 3단계 문제, 실전 테스트, 그리고 워크북까지 몇 천 개의 다양한 문제를 푸는 사이에 학생들은 자연스럽게 영문법 규칙을 익히게 될 것입니다. 초등학생이 꼭 알아야 할 필수 영문법부터 중등 영어에 대비하는 영문법까지 문법 항목들을 빠짐없이 문제에 녹여냈고, 학생들 눈높이에 맞춘 그림 문제들을 다수 포함하여 지루하지 않게 공부할 수 있도록 했습니다.

영문법은 바르고 정확한 문장 쓰기를 위해 필요한 것

영문법을 공부하는 가장 큰 목적은 영어의 규칙을 알고 영어를 바르고 정확하게 쓰기 위해서라고 할 수 있습니다. 영어 문장을 이루는 규칙인 문법을 잘 알지 못하면 문장을 제대로 쓸 수 없는 것은 당연합니다. 문법 학습은 그동안 읽고 듣고 접했던 영어를 체계적으로 정리하는 계기이자 영어 쓰기 실력을 키우는 기초가 될 것입니다. 또한 영문법의 개념 이해와 문장 쓰기 연습은 정확성이 요구되는 중학 영어에 대비하기 위해 꼭 필요한 학습입니다.

아무쪼록 《기적의 초등 영문법》이 초등학생 여러분의 영문법 학습에 기적의 경험을 가져다주기를 기원합니다.

2023년 1월
저자 서영조

문법 규칙을 알면 바르고 정확한 문장을 쓸 수 있습니다.
문법이 곧 쓰기 실력이 되는 기적의 초등 영문법

《기적의 초등 영문법》은 초등 교육과정의 필수 영문법을 쉽게 소개하고, 다양한 문제를 단계별로 풀면서 영문법 규칙을 자연스럽게 익히도록 하며, 문장 쓰기 문제를 통해 영어 라이팅 실력을 키워주고, 다양한 실용문을 통해 실질적인 문법 활용 능력을 길러주는 것을 목표로 합니다.

• 초등 교육과정의 필수 영문법 완벽 정리

초등 교육과정의 필수 영문법을 빠짐없이 소개하고, 중학 기초 문법까지 포함합니다. 이 책만으로 초등 필수 영문법을 완성하고 중학 영문법에 대비할 수 있습니다.

• 친절한 설명과 도표, 그림으로 영문법을 쉽게 학습

낯선 문법 용어와 규칙을 쉽게 이해할 수 있도록 간결하고 친절하게 설명합니다. 핵심 내용을 도표로 정리하여 문법 규칙이 한눈에 들어오게 했고, 이해를 돕는 그림과 해석이 있어 어렵지 않게 학습할 수 있습니다.

• 개념 확인 → 문법 규칙 적용 → 문장 쓰기까지 3단계 학습

3단계로 이루어진 단계별 문제 풀이를 통해 기초적인 개념 확인에서부터 완전한 문장 쓰기까지 점진적으로 학습합니다. 이러한 학습법은 문법 학습의 실제 목표인 '정확한 문장 쓰기' 능력을 향상시키며 중학 서술형 시험에 대비하는 토대가 됩니다.

• 흥미로운 실용문으로 문법 활용 능력과 사고력 배양

동화, 일기, 일정표, 조리법, 대화문 등 일상생활에서 흔히 접할 수 있는 다양한 실용문을 실었습니다. 흥미로운 주제의 실용문을 완성하며 문법 활용 능력과 쓰기 실력을 향상시킬 수 있습니다.

• 무료 동영상 강의와 워크북 등 부가 학습자료 제공

이 책의 문법 개념을 친절하게 설명하는 무료 동영상 강의를 제공하며, 공부한 내용을 꼼꼼하게 점검해 볼 수 있는 워크북과 온라인 부가 학습자료를 제공합니다.

Start	Step 1	Step 2	Step 3
문법 개념 확인	기초 탄탄 연습	규칙 적용 연습	술술 쓰기가 되는 문장 연습

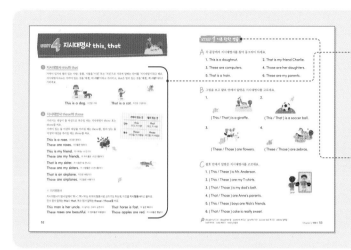

❶ 초등학생 눈높이에 맞춘 쉬운 설명

친절한 문법 개념 설명과 함께 도표로 규칙을 다시 한 번 정리하여 한눈에 파악할 수 있게 합니다.

❷ 기초 탄탄 연습

학습한 문법 포인트를 잘 이해했는지 간단한 기초 문제로 확인합니다.

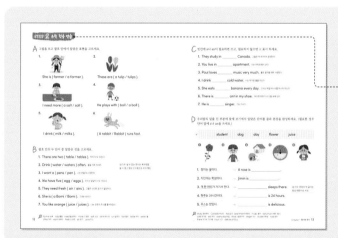

❸ 규칙 적용 연습

배운 문법 규칙을 문장에 적용해 보는 단계입니다. 그림을 보고 고르기, 우리말 뜻에 맞게 빈칸 채우기 등 다양한 유형의 문제를 스스로 생각하며 풀다보면 문법 규칙을 확실히 익힐 수 있습니다.

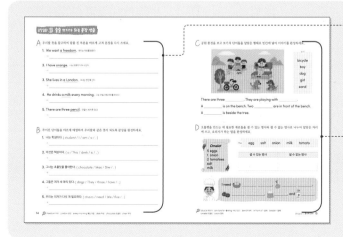

❹ 서술형에 대비하는 문장 쓰기 연습

틀린 곳 찾아 고쳐 쓰기, 바른 순서로 단어 배열하기 등 정확한 규칙과 어순을 연습하며 문장 만들기에 자신감을 키우고 중학 서술형 시험에 대비하는 문장 쓰기를 합니다.

❺ 다양한 실용문 완성하기

일정표, 일기, 조리법, 동화, 대화문 등 다양한 실용문을 문법에 맞게 완성합니다. 문법 규칙을 적용하여 글을 완성해 보면서 실질적인 쓰기 실력을 키울 수 있습니다.

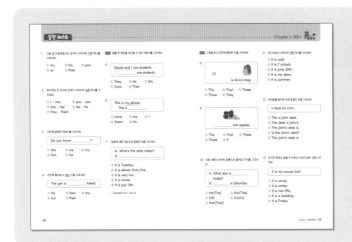

실전 테스트

객관식 문제와 서술형 문제를 통해 각 Chapter에서 학습한 내용을 마지막으로 점검하는 단계입니다. 중학교 내신 시험과 유사하게 구성하여 중학교 시험을 미리 경험하고 대비할 수 있습니다.

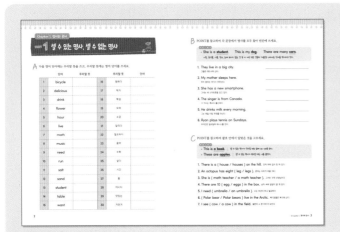

워크북(Workbook)

학습을 마친 후, 워크북의 추가 문제를 풀면서 공부한 내용을 점검하고 복습하며 실력을 다질 수 있습니다. Challenge! 문제는 본책의 전체 문장 쓰기 문제를 업그레이드한 것으로, 학생들의 영어 문장 쓰기 실력을 한 단계 올려줄 것입니다.

부가 학습자료

- Word List (본책 수록)
- 단어 테스트 (워크북 수록)
- 단어 퀴즈 (워크시트 다운로드)
- 문장 받아쓰기 (워크시트 다운로드)

길벗스쿨 e클래스
eclass.gilbut.co.kr

QR코드를 스캔하면 동영상 강의 바로 보기, MP3 파일 및 워크시트 다운로드 등 부가 학습자료를 이용하실 수 있습니다.

무료 동영상 강의

혼자서도 막힘 없이 공부할 수 있도록 무료 동영상 강의를 제공합니다. 문법 개념 설명 부분은 동영상 강의를 보면서 학습하세요.

CHAPTER 1
명사와 관사

이 세상 모든 것들의 이름을 나타내는 말을 명사라고 해요. 하나, 둘, 셋 수를 셀 수 있는 명사와
형태가 없어서 수를 셀 수 없는 명사, 그리고 명사 앞에 쓰는 관사 a, an, the에 대해 배워요.

동영상 강의

UNIT 1 셀 수 있는 명사, 셀 수 없는 명사

▶ 동영상 강의를 보면서 학습하세요.

1 명사

사람, 동물과 식물, 사물, 장소, 눈에 보이지 않는 개념 등 **이 세상 모든 것들의 이름**을 나타내는 단어를 명사라고 해요.

> **사람 :** man, girl, student, fire fighter, Henry
> **동물, 식물 :** dog, horse, rose, banana
> **사물 :** desk, pencil, water, rock
> **장소 :** house, school, hospital
> **눈에 보이지 않는 개념 :** love, hope, April

2 셀 수 있는 명사

정해진 모양이 있어서 한 개, 두 개, 세 개로 개수를 셀 수 있는 명사예요. 하나일 때는 단수, 두 개부터는 복수라고 하며, 단수일 때와 복수일 때 단어의 모양이 달라져요. 단수일 때는 명사 앞에 a 또는 an을, 복수일 때는 보통 명사 끝에 -s를 붙여요.

하나일 때 (단수)	둘 이상일 때 (복수)
a an + 명사	명사 + -s

a dog **two dogs** **an apple** **three apples** **a book** **five books**

↖ 단어의 첫소리가 모음(a, e, i, o, u)일 때는 an을 써요.

3 셀 수 없는 명사

정해진 모양이 없거나(milk, water처럼), 눈에 보이지 않거나(music, love처럼), 세상에 하나밖에 없는 명사(Seoul, Kevin처럼)는 개수를 셀 수 없어요. 그런 셀 수 없는 명사는 늘 단수형으로 쓰고 복수형은 안 써요. 앞에 a, an도 쓸 수 없어요.

milk **salt** **music** **love** **Kevin**

↖ a milk (X)
   milks (X)

고유한 이름을 나타내는 명사는 셀 수 없는 명사이고, 항상 첫 글자를 대문자로 써요.

A 주어진 단어들 중 명사에 동그라미 하세요.

1. big   pencil   see
   큰   연필   보다

2. and   New York   are
   그리고   뉴욕   ~이다

3. pretty   go   toy
   예쁜   가다   장난감

4. like   not   Emily
   좋아하다 ~ 아니다 에밀리

5. math   hear   but
   수학   듣다   그러나

6. very   flower   long
   매우   꽃   긴

B 각 그림에 알맞은 표현을 골라 √ 표시 하세요.

1.

   ☐ a cat   ☐ cats

2.

   ☐ a tree   ☐ trees

3.

   ☐ a lemon   ☐ lemons

4.

   ☐ a house   ☐ houses

C 셀 수 있는 명사인지 셀 수 없는 명사인지 구분하여 괄호 안에서 알맞은 것을 고르세요.

1. (a / an / ✕) elephant 코끼리

2. (a / an / ✕) rain 비   ⭐TIP 셀 수 없는 명사 앞에는 a, an을 쓸 수 없어요.

3. (a / an / ✕) cup 컵

4. (a / an / ✕) Annie 애니

5. (a / an / ✕) baby 아기

6. (a / an / ✕) ox 황소, 소

7. (a / an / ✕) English 영어

8. (a / an / ✕) sand 모래

9. (a / an / ✕) building 건물

10. (a / an / ✕) friendship 우정

STEP 2 규칙 적용 연습

A 그림을 보고 괄호 안에서 알맞은 표현을 고르세요.

1.

She is (farmer / a farmer).

2.

These are (a tulip / tulips).

3.

I need more (a salt / salt).

4.

He plays with (ball / a ball).

5.

I drink (milk / milks).

6.

(A rabbit / Rabbit) runs fast.

B 괄호 안의 두 단어 중 알맞은 것을 고르세요.

1. There are two (table / tables). 탁자가 두 개 있다.

2. Drink (water / waters) often. 물을 자주 마셔라.

3. I want a (pens / pen). 나는 펜을 하나 원한다.

4. We have five (egg / eggs). 우리는 달걀이 다섯 개 있다.

5. They need fresh (air / airs). 그들은 신선한 공기가 필요하다.

6. She is (a Bomi / Bomi). 그녀는 보미다.

7. You like orange (juice / juices). 너는 오렌지 주스를 좋아하잖아.

⭐TIP 셀 수 없는 명사는 복수형을 쓸 수 없고 항상 단수형으로 써야 해요.

⊕ farmer 농부　tulip 튤립　need 필요하다　more 더 많은　salt 소금　drink 마시다　run 달리다　fast 빨리　table 탁자　water 물
12　often 자주　want 원하다　fresh 신선한　air 공기　juice 주스

C 빈칸에 a나 an이 필요하면 쓰고, 필요하지 않으면 ✕ 표시 하세요.

1. They study in _____ Canada. 그들은 캐나다에서 공부한다.

2. You live in _____ apartment. 너는 아파트에서 산다.

3. Paul loves _____ music very much. 폴은 음악을 매우 사랑한다.

4. I drink _____ cold water. 나는 차가운 물을 마신다.

5. She eats _____ banana every day. 그녀는 매일 바나나를 하나씩 먹는다.

6. There is _____ ant in my shoe. 개미 한 마리가 내 신발 속에 있다.

7. He is _____ singer. 그는 가수다.

D 우리말의 밑줄 친 부분에 맞게 보기에서 알맞은 단어를 골라 문장을 완성하세요. (필요한 경우 단어 앞에 a나 an을 쓰세요.)

| 보기 | student | dog | day | flower | juice |

1. 장미는 꽃이다. → A rose is _____.

2. 지민이는 학생이다. → Jimin is _____.

3. 개 한 마리가 거기서 잔다. → _____ sleeps there.

🔆TIP 문장의 첫 글자는 항상 대문자로 써요.

4. 하루는 24시간이다. → _____ is 24 hours.

5. 주스는 맛있다. → _____ is delicious.

study 공부하다 Canada 캐나다 live 살다 apartment 아파트 music 음악 very much 매우, 몹시
cold 차가운 eat 먹다 every day 매일 shoe 신발(한 짝) singer 가수 student 학생 rose 장미
there 거기서, 거기에 hour 시간 delicious 맛있는

A 우리말 뜻을 참고하여 밑줄 친 부분을 바르게 고쳐 문장을 다시 쓰세요.

1. **We want a freedom.** 우리는 자유를 원한다.

   →＿＿＿＿＿＿＿＿＿＿＿＿＿＿＿＿＿＿＿＿＿＿＿＿＿＿

2. **I have orange.** 나는 오렌지가 하나 있다.

   →＿＿＿＿＿＿＿＿＿＿＿＿＿＿＿＿＿＿＿＿＿＿＿＿＿＿

3. **She lives in a London.** 그녀는 런던에 산다.

   →＿＿＿＿＿＿＿＿＿＿＿＿＿＿＿＿＿＿＿＿＿＿＿＿＿＿

4. **He drinks a milk every morning.** 그는 매일 아침 우유를 마신다.

   →＿＿＿＿＿＿＿＿＿＿＿＿＿＿＿＿＿＿＿＿＿＿＿＿＿＿

5. **There are three pencil.** 연필이 세 자루 있다.

   →＿＿＿＿＿＿＿＿＿＿＿＿＿＿＿＿＿＿＿＿＿＿＿＿＿＿

B 주어진 단어들을 바르게 배열하여 우리말과 같은 뜻이 되도록 문장을 완성하세요.

1. 나는 학생이다. (student / I / am / a / .)

   →＿＿＿＿＿＿＿＿＿＿＿＿＿＿＿＿＿＿＿＿＿＿＿＿＿＿

2. 이것은 책상이다. (a / This / desk / is / .)

   →＿＿＿＿＿＿＿＿＿＿＿＿＿＿＿＿＿＿＿＿＿＿＿＿＿＿

3. 그녀는 초콜릿을 좋아한다. (chocolate / likes / She / .)

   →＿＿＿＿＿＿＿＿＿＿＿＿＿＿＿＿＿＿＿＿＿＿＿＿＿＿

4. 그들은 개가 세 마리 있다. (dogs / They / three / have / .)

   →＿＿＿＿＿＿＿＿＿＿＿＿＿＿＿＿＿＿＿＿＿＿＿＿＿＿

5. 우리는 의자가 다섯 개 필요하다. (chairs / need / We / five / .)

   →＿＿＿＿＿＿＿＿＿＿＿＿＿＿＿＿＿＿＿＿＿＿＿＿＿＿

freedom 자유　London 런던　every morning 매일 아침　desk 책상　chocolate 초콜릿　chair 의자

C 공원 풍경을 보고 보기의 단어들을 알맞은 형태로 빈칸에 넣어 이야기를 완성하세요.

보기

bicycle
boy
dog
girl
sand

There are three _____. They are playing with _____.

A _____ is on the bench. Two _____ are in front of the bench.

A _____ is beside the tree.

D 오믈렛을 만드는 데 필요한 재료들을 셀 수 있는 명사와 셀 수 없는 명사로 나누어 알맞은 자리에 쓰고, 요리사가 하는 말을 완성하세요.

Omelet
5 eggs
1 onion
2 tomatoes
salt
milk

재료 egg salt onion milk tomato

셀 수 있는 명사	셀 수 없는 명사

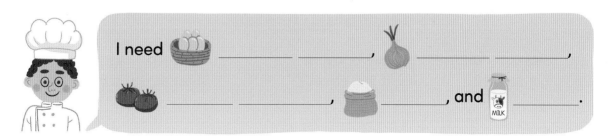

I need _____ _____, _____ _____, _____ _____, _____ _____, and _____.

🔍 bicycle 자전거 am/are/is + 동사ing ~하고 있다 bench 벤치 in front of ~ 앞에 beside ~ 옆에
omelet 오믈렛 onion 양파

UNIT 2 셀 수 있는 명사의 복수형

▶ 동영상 강의를 보면서 학습하세요.

① 셀 수 있는 명사의 복수형 - 규칙 변화

셀 수 있는 명사는 두 개 이상일 때 복수형을 써야 해요. 복수형은 대개 명사 끝에 -s를 붙여서 만드는데, 그 규칙을 조금 더 자세히 살펴보면 다음과 같아요.

cars   dishes

명사 형태	복수형 규칙	예	
대부분의 셀 수 있는 명사	+ -s	book (책) → books house (집) → houses	girl (여자아이, 소녀) → girls pencil (연필) → pencils
-s, -sh, -ch, -x로 끝나는 명사	+ -es	bus (버스) → buses dish (접시) → dishes box (상자) → boxes	glass (유리잔) → glasses bench (벤치) → benches fox (여우) → foxes
<자음+-o>로 끝나는 명사	+ -es	tomato (토마토) → tomatoes potato (감자) → potatoes	* piano와 photo는 -s만 붙임 pianos, photos
-f나 -fe로 끝나는 명사	-f(e) → -ves	leaf (나뭇잎) → leaves wife (아내) → wives	knife (칼) → knives wolf (늑대) → wolves
<자음+-y>로 끝나는 명사	-y → -ies	baby (아기) → babies lady (숙녀) → ladies country (나라) → countries strawberry (딸기) → strawberries	city (도시) → cities story (이야기) → stories * <모음+-y>로 끝나는 명사는 -s만 붙임 boys, keys, monkeys, toys

② 셀 수 있는 명사의 복수형 - 불규칙 변화

복수형에 -s가 붙지 않고 다르게 만들어지는 명사들도 있어요.

feet   sheep

복수형에 -s가 붙지 않고 모양이 바뀌는 명사		단수형과 복수형이 같은 명사
man (남자, 사람) → men	woman (여자) → women	fish (물고기) → fish
child (아이) → children	mouse (생쥐) → mice	deer (사슴) → deer
foot (발) → feet	tooth (치아) → teeth	sheep (양) → sheep

A 주어진 명사의 복수형으로 알맞은 것을 고르세요.

1. desk → (desks / deskes)
책상

2. potato → (potatos / potatoes)
감자

3. box → (boxs / boxes)
상자

4. dish → (dishs / dishes)
접시

5. man → (mans / men)
남자, 사람

6. knife → (knifes / knives)
칼

B 그림을 참고하여 명사의 복수형을 완성하세요.

1.

grape → grape_____

2.

boy → boy_____

3.

bear → bear_____

4.

baby → bab_____

5.

chair → chair_____

6.

photo → photo_____

C 각 단어의 복수형을 쓰세요.

1. lady → _____
숙녀

2. church → _____
교회

3. glass → _____
유리잔

4. woman → _____
여자

5. piano → _____
피아노

6. country → _____
나라

7. foot → _____
발

8. bicycle → _____
자전거

A 그림을 보고 보기의 단어들을 알맞은 형태로 쓰세요.

> 보기   child   fish   leaf   orange   tomato   watch

1. four _____

2. three _____

3. two _____

4. two _____

5. three _____

6. four _____

B 괄호 안의 두 단어 중 알맞은 것을 고르세요.

1. I have two (sisteres / sisters).

   나는 언니가 두 명 있다.

2. There are some (benchs / benches) in the park.

   공원에 벤치가 몇 개 있다.

3. She has many (dress / dresses).

   그녀는 드레스가 많이 있다.

4. There are some (flys / flies) on the table.

   탁자 위에 파리가 몇 마리 있다.

5. The child has five (candy / candies).

   그 아이는 사탕을 다섯 개 가지고 있다.

6. The cook needs three (knifes / knives).

   그 요리사는 칼이 세 개 필요하다.

watch 손목시계   park 공원   dress 원피스, 드레스   fly 파리   candy 사탕   cook 요리사; 요리하다

C 우리말 뜻을 참고하여 주어진 단어의 알맞은 형태를 빈칸에 쓰세요.

1. Seven _____ are in the room. (man)
   남자 일곱 명이 방에 있다.

2. We have 10 _____. (sheep)
   우리는 양 열 마리가 있다.

3. There are two _____. (wolf)
   늑대 두 마리가 있다.

4. They need two _____. (bed)
   그들은 침대 두 개가 필요하다.

5. I see two _____. (mouse)
   쥐 두 마리가 보인다.

6. The dog has sharp _____. (tooth)
   그 개는 날카로운 이빨들을 지녔다.

D 우리말과 같은 뜻이 되도록 주어진 단어를 이용하여 문장을 완성하세요.

1. 우리는 접시 여섯 개가 필요하다.
   → We need _____ _____. (dish)

2. 책상 위에 상자가 세 개 보인다.
   → I see _____ _____ on the desk. (box)

3. 원숭이 다섯 마리가 도로에 있다.
   → _____ _____ are on the road. (monkey)

4. 아이 여덟 명이 놀이터에 있다.
   → _____ _____ are in the playground. (child)

5. 서울, 상하이, 홍콩은 도시다.
   → Seoul, Shanghai, and Hong Kong are _____. (city)

A 우리말 뜻을 참고하여 밑줄 친 명사의 복수형을 바르게 고쳐 문장을 다시 쓰세요.

1. They need five **buss**. 그들은 버스 다섯 대가 필요하다.
   → _____

2. I see two **foots**. 발 두 개가 보인다.
   → _____

3. There are five **fishes**. 물고기 다섯 마리가 있다.
   → _____

4. He visits many **countrys**. 그는 많은 나라들을 방문한다.
   → _____

5. She eats two **tomatos** every day. 그녀는 매일 토마토를 두 개 먹는다.
   → _____

B 주어진 단어들을 바르게 배열하여 우리말과 같은 뜻이 되도록 문장을 완성하세요.

1. 나는 치아가 32개 있다. (have / I / 32 / teeth / .)
   → _____

2. 피아노 두 대가 있다. (pianos / There are / two / .)
   → _____

3. 나는 상자 세 개를 원한다. (want / I / three / boxes / .)
   → _____

4. 그 아이들은 무척 귀엽다. (are / The children / very cute / .)
   → _____

5. 그 책에는 열두 가지 이야기가 있다. (12 stories / There are / in the book / .)
   → _____

visit 방문하다, 찾아가다   cute 귀여운

C 제니와 친구 애니가 벼룩시장에서 물건을 팔고 있습니다. 그림을 보고 알맞은 단어들을 빈칸에 넣어 이야기를 완성하세요.

보기　　bicycle　　pencil　　glass　　doll　　book　　photo

Jenny is selling three _____ and two _____ at the flea market. She is also selling a _____ . Jenny's friend Annie is selling four _____ and five _____ . She is also selling eight _____ .

D 찬장 속 그림을 보고 보기의 단어들을 알맞은 형태로 빈칸에 넣어 이야기를 완성하세요.

There are two _____ in the cupboard. They are eating cheese. There are five _____ , four _____ , and seven _____ . There are also three _____ and two _____ .

보기　　knife　　box　　mouse　　potato　　tomato　　strawberry

doll 인형　sell 팔다　flea market 벼룩시장　also 또한　friend 친구　cupboard 찬장　cheese 치즈　　Chapter 1. 명사와 관사　**21**

 **UNIT 3 관사 a, an, the**

▶ 동영상 강의를 보면서 학습하세요.

1 관사

관사는 명사 앞에 쓰이는 단어로, a와 an, 그리고 the가 있어요. a 와 an은 셀 수 있는 명사의 단수형 앞에서 '하나'라는 의미를 나타내고, the는 명사가 앞에 한 번 나왔던 것임을 알려줘요.

a / an	**the**
하나의 ~	그 ~

2 a, an

관사 a나 an은 셀 수 있는 명사의 단수형 앞에 써요. 명사의 첫 글자 발음이 자음일 때는 a를, 모음(a, e, i, o, u)일 때는 an을 써요. '하나의 ~, 한 ~'이라고 해석하기도 하고, 해석하지 않기도 해요. 셀 수 없는 명사 앞에는 a나 an을 쓸 수 없어요.

We have a dog. 우리는 개가 (한 마리) 있다.

I have an orange. 나는 오렌지가 (하나) 있다.

a + 자음 발음	a doll (인형) a boy (남자아이) a house (집) a bag (가방)
an + 모음 발음	an egg (달걀) an animal (동물) an ant (개미) an elephant (코끼리) an hour (시간)

a, e, i, o, u

h는 발음되지 않아요.

3 the

관사 the는 앞에 나온 명사를 다시 가리킬 때 쓰고, '그 ~'라고 해석해요. 그 외에 세상에 하나밖에 없는 것 앞에도 the를 써요.

1) 앞에 나온 명사를 다시 가리킬 때

I have a pencil. The pencil is yellow.
나는 연필이 하나 있다. 그 연필은 노란색이다.

I have an apple. The apple is green.
나는 사과가 하나 있다. 그 사과는 초록색이다.

2) 세상에 하나밖에 없는 것 앞에

the sky
하늘

the sun
해, 태양

the moon
달

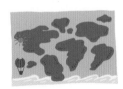

the world
세계, 세상

A 괄호 안에서 알맞은 것을 고르세요.

1. (a / an / ✗) egg 달걀　　**2.** (a / an / ✗) bookstore 서점

3. (a / an / ✗) snow 눈　　**4.** (a / an / ✗) teacher 선생님

5. (a / an / ✗) actor 배우　　**6.** (a / an / ✗) Elizabeth 엘리자베스

※**TIP** 셀 수 있는 명사의 단수형 앞에 a나 an을 써요.

B 그림을 참고하여 괄호 안에서 알맞은 것을 고르세요.

1.

There is (a / an / ✗) doll.

2.

My mom likes (a / an / ✗) cookies.

3.

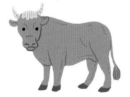

That is (a / an / ✗) ox.

4.

(A / An / The) moon is bright.

C 우리말과 같은 뜻을 나타내는 영어 문장을 골라 √ 표시 하세요.

1. 나는 이모가 한 명 있다.

☐ I have a aunt.

☐ I have an aunt.

2. 이것은 스마트폰이다.

☐ This is a smartphone.

☐ This is an smartphone.

3. 고양이가 한 마리 있다. 그 고양이는 회색이다.

※**TIP** 앞에 한 번 나온 명사 앞에는 관사 the를 써요.

☐ There is a cat. A cat is gray.

☐ There is a cat. The cat is gray.

cookie 쿠키　bright 밝은, 빛나는　aunt 이모, 고모, 숙모, 아주머니　smartphone 스마트폰　gray 회색의; 회색

A 그림을 참고하여 빈칸에 a와 an 중 알맞은 것을 쓰세요.

1.

I see _____ bird.

2.

They live in _____ igloo.

3.

She is drinking _____ cup of tea.

4.

I have _____ laptop.

5.

This is _____ elephant.

6.

There is _____ tree in the yard.

B 우리말과 같은 뜻이 되도록 보기에서 알맞은 것을 골라 빈칸에 쓰세요. (필요한 경우 첫 글자는 대문자로 쓰세요.)

보기	a	an	the	x

1. That is _____ lion.

   저것은 사자다.

2. Cats and dogs are _____ animals.

   고양이와 개는 동물이다.

3. I eat _____ orange every day.

   나는 매일 오렌지를 하나 먹는다.

4. The museum is in _____ Gyeongju.

   그 박물관은 경주에 있다.

5. I have a friend. _____ friend studies in the U.S.

   나는 친구가 한 명 있다. 그 친구는 미국에서 공부한다.

C 우리말과 같은 뜻이 되도록 괄호 안에서 알맞은 것을 고르세요.

1. I have (a / an / the / ✕) book. 나는 책이 한 권 있다.

   (A / An / The) book is a novel. 그 책은 소설이다.

2. This is (a / an / the / ✕) apple. 이것은 사과다.

   (A / An / The) apple is sweet. 그 사과는 달콤하다.

3. This is (a / an / the / ✕) milk. 이것은 우유다.

   (A / An / The) milk is cold. 그 우유는 차갑다.

4. The boy has (a / an / the / ✕) ball. 그 남자아이는 공을 하나 가지고 있다.

   (A / An / The) ball is round. 그 공은 둥글다.

D 우리말과 같은 뜻이 되도록 빈칸에 a, an, the 중 알맞은 것을 쓰세요. (필요한 경우 첫 글자를 대문자로 쓰세요.)

1. 저것은 강아지다. 그 강아지는 흰색이다.

   → That is _____ puppy. _____ puppy is white.

2. 달 좀 봐!

   → Look at _____ moon!

3. 나는 쿠키가 하나 있다. 그 쿠키는 맛이 있다.

   → I have _____ cookie. _____ cookie is delicious.

4. 나는 화가 한 명을 좋아한다. 그 화가는 프랑스 출신이다.

   → I like _____ artist. _____ artist is from France.

5. 비행기가 하나 보인다. 그 비행기는 하늘에 있다.

   → I see _____ airplane. _____ airplane is in _____ sky.

novel 소설   sweet 달콤한   round 둥근   puppy 강아지   look at ~를 보다
artist 화가, 예술가   be from ~ 출신이다, ~에서 왔다   France 프랑스   airplane 비행기   sky 하늘

A 우리말 뜻을 참고하여 밑줄 친 부분을 바르게 고쳐 문장을 다시 쓰세요.

1. I have a <u>two</u> hats. 나는 모자가 두 개 있다.

→ _____

2. We see a girl. <u>A girl</u> is cute. 여자아이 한 명이 보인다. 그 여자아이는 귀엽다.

→ _____

3. <u>A sun</u> is behind the cloud. 태양이 구름 뒤에 있다.

→ _____

4. This is <u>a album</u>. The album is old. 이것은 앨범이다. 그 앨범은 오래되었다.

→ _____

5. I have a bag of sugar. <u>Sugar</u> is white. 나는 설탕 한 봉지가 있다. 그 설탕은 흰색이다.

→ _____

B 주어진 단어들을 바르게 배열하여 우리말과 같은 뜻이 되도록 문장을 완성하세요.

1. 나는 책상이 하나 있다. 그 책상은 크다. (have / a / I / desk / .)

→ _____ The desk is big.

2. 그녀는 물 한 잔을 마신다. 그 물은 따뜻하다. (warm / The / is / water / .)

→ She drinks a glass of water. _____

3. 기차가 보인다. 그 기차는 빠르다. (I / train / see / a / .)

→ _____ The train is fast.

4. 나비 한 마리가 있다. 그 나비는 예쁘다. (butterfly / pretty / is / The / .)

→ There is a butterfly. _____

5. 우리는 개 한 마리가 있다. 그 개는 검은색이다. (dog / is / The / black / .)

→ We have a dog. _____

🔍 hat 모자   behind ~ 뒤에   cloud 구름   album 앨범   old 오래된   a bag of ~ 한 봉지   sugar 설탕   warm 따뜻한

train 기차   butterfly 나비

워크북 9쪽으로

C 빈칸에 관사 a나 an을 넣어 슈퍼마켓에서 장을 보고 있는 남자의 말을 완성하세요.

I am now at _____ supermarket.
I want _____ onion, _____
egg and _____ squid. I also
want _____ orange and _____
melon.

D 각각의 그림을 보고 빈칸에 a, an, the 중 알맞은 관사를 넣어 이야기를 완성하세요. 관사가 필요 없는 곳에는 ✕ 표시 하세요.

1. In the schoolbag, there is _____ smartphone,
   _____ wallet, _____ umbrella, _____ apple,
   and two _____ books.
   _____ wallet is brown and _____ umbrella is
   pink.

2. I see _____ teddy bear.
   _____ teddy bear is on the bed.
   _____ teddy bear is pink.
   It has _____ ribbon.
   _____ ribbon is yellow.

🔍 squid 오징어 schoolbag 책가방 wallet 지갑 umbrella 우산 teddy bear 곰 인형 ribbon 리본

1 다음 중 셀 수 있는 명사를 고르세요.

① water   ② snow

③ France   ④ love

⑤ child

2 다음 중 명사의 단수형과 복수형이 잘못 짝지어진 것을 고르세요.

① zoo - zoos

② phone - phones

③ knife - knifes

④ toy - toys

⑤ country - countries

* zoo 동물원

3 다음 중 단수형과 복수형이 같은 것을 고르세요.

① foot   ② mouse

③ sheep   ④ leaf

⑤ girl

4 복수형을 만드는 규칙이 나머지와 다른 하나를 고르세요.

① box   ② photo

③ dish   ④ glass

⑤ bench

5 다음 중 명사의 단수형과 복수형이 바르게 짝지어진 것을 고르세요.

① fish - fishes

② tooth - teeth

③ piano - pianoes

④ city - citys

⑤ woman - womans

6 빈칸에 들어갈 말로 알맞은 것을 고르세요.

We need an _____.

① chairs   ② bread

③ salt   ④ egg

⑤ hat

* bread 빵

7 다음 중 밑줄 친 부분이 잘못된 것을 고르세요.

① Susan has an aunt.

② This is a white ant.

③ The man is an actor.

④ He drinks a water every morning.

⑤ I need sugar.

8-9 빈칸에 a나 an이 들어갈 수 <u>없는</u> 것을 고르세요.

8 ① _____ horse
   ② _____ piano
   ③ _____ hope
   ④ _____ elephant
   ⑤ _____ flower

9 ① This is _____ ox.
   ② It is _____ alligator.
   ③ I want _____ bag.
   ④ She needs _____ umbrella.
   ⑤ We need _____ freedom.

* **alligator** 악어

10-11 우리말을 영어로 바르게 옮긴 것을 고르세요.

10

우리는 사랑과 평화를 원한다.

① We want a love and peace.
② We want love and peace.
③ We want a love and a peace.
④ We want loves and peace.
⑤ We want loves and peaces.

11

비행기 한 대가 하늘을 난다.

① A airplane flies in the sky.
② An airplane flies in a sky.
③ An airplane flies in the sky.
④ The airplane flies in a sky.
⑤ The airplane flies in sky.

12 다음 중 <u>틀린</u> 문장을 고르세요.

① The baby is an angel.
② Sun is in the sky.
③ He eats an apple every day.
④ We have three rooms.
⑤ I need two boxes.

* **angel** 천사

13 빈칸에 들어갈 말이 나머지와 <u>다른</u> 하나를 고르세요.

① There is _____ cat in the room.
② My mother is _____ scientist.
③ _____ monkey is a smart animal.
④ This is _____ elephant and that is a giraffe.
⑤ My sister has _____ watch.

* **scientist** 과학자

14 다음 중 올바른 문장을 고르세요.

① I see seven sheeps.
② We need 10 dish.
③ She has two child.
④ He likes music very much.
⑤ I eat much breads every day.

15-16 빈칸에 들어갈 말이 바르게 짝지어진 것을 고르세요.

15
• The man travels around _____ world.
• I have a car. _____ car is blue.

① a - A
② the - A
③ a - The
④ × - The
⑤ the - The

* travel around ~를 여기저기 여행하다

16
• A penguin is _____ animal.
• _____ moon is round.

① a - The
② the - A
③ an - The
④ × - The
⑤ the - An

* penguin 펭귄

17 다음 중 빈칸에 들어갈 수 없는 것을 고르세요.

I see a _____.

① bus
② man
③ house
④ dress
⑤ sky

18-19 주어진 문장을 바르게 고치는 방법으로 알맞은 것을 고르세요.

18
Twelve mans are in the room.

① mans를 man으로 고친다.
② mans를 men으로 고친다.
③ are를 is로 고친다.
④ Twelve mans 앞에 the를 붙인다.
⑤ mans are를 man is로 고친다.

19
The woman has two babys.

① The woman을 Woman으로 고친다.
② has를 have로 고친다.
③ babys를 babies로 고친다.
④ babys를 baby로 고친다.
⑤ two를 a로 고친다.

20-21 우리말 뜻에 맞도록 틀린 부분을 바르게 고쳐 문장을 다시 쓰세요.

20

We need a fresh air.

우리는 신선한 공기가 필요하다.

→ _____

21

Paul has a cap. A cap is black.

폴은 모자가 하나 있다. 그 모자는 검정색이다.

→ _____

* cap 모자

22-23 주어진 단어들을 바르게 배열하여 우리말과 같은 뜻이 되도록 문장을 완성하세요.

22

나비 두 마리가 보인다.

(see / I / butterflies / two / .)

→ _____

23

달이 하늘에 있다.

(in the sky / is / the moon / .)

→ _____

24-25 우리말과 같은 뜻이 되도록 빈칸에 알맞은 단어를 써 넣어 문장을 완성하세요.

24

나는 고양이가 한 마리 있다. 그 고양이는 노란색이다.

→ I have _____ _____.

_____ _____ is yellow.

25

나무에 새가 한 마리 있다. 그 새는 노래를 부르고 있다.

→ There is _____ _____ in the tree.

_____ _____ is singing.

앞에서 배운 단어를 한 번 더 확인하고 어렵거나 모르는 단어는 다시 공부하세요.

☐ air	공기		☐ airplane	비행기
☐ aunt	이모, 고모, 숙모, 아주머니		☐ bicycle	자전거
☐ bird	새		☐ bright	밝은, 빛나는
☐ chair	의자		☐ cloud	구름
☐ cook	요리사; 요리하다		☐ cookie	쿠키
☐ delicious	맛있는		☐ doll	인형
☐ drink	마시다		☐ friend	친구
☐ hour	시간		☐ live	살다
☐ monkey	원숭이		☐ museum	박물관, 미술관
☐ music	음악		☐ need	필요하다
☐ park	공원		☐ puppy	강아지
☐ road	도로, 길		☐ run	달리다
☐ salt	소금		☐ sell	팔다
☐ shoe	신발(한 짝)		☐ student	학생
☐ study	공부하다		☐ sugar	설탕
☐ train	기차		☐ umbrella	우산
☐ visit	방문하다, 찾아가다		☐ want	원하다
☐ warm	따뜻한		☐ yard	마당

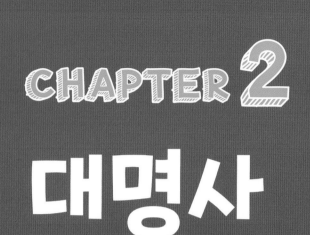

CHAPTER 2

대명사

대명사는 명사를 대신해서 쓰는 말이에요. '나, 너, 그것, 우리'처럼 사람이나 사물을 대신하는 인칭대명사와 '이것, 이 사람, 저것, 저 사람'처럼 가까이나 멀리 있는 사람이나 사물을 가리키는 지시대명사에 대해 배워요.

 **UNIT 1 인칭대명사의 주격과 목적격**

▶ 동영상 강의를 보면서 학습하세요.

1 인칭대명사

인칭대명사는 '나', '너', '그', '그것', '우리'처럼 사람이나 동물, 사물을 대신하여 쓰는 말이에요.

1인칭, 2인칭, 3인칭이 있어요. **1인칭**은 말하는 사람 자신(나)이나 자신을 포함한 사람들(우리)을 가리키고, **2인칭**은 상대방(너, 너희)을 가리켜요. **3인칭**은 그 외의 사람/사물/동물(그, 그녀, 그것, 그들, 그것들)을 가리키고요.

	단수	복수
1인칭	I 나	we 우리
2인칭	you 너	you 너희
3인칭	he 그	they 그들, 그것들
	she 그녀	
	it 그것	

I have a brother. **He** is eight. → a brother를 대신하는 인칭대명사

나는 남동생이 있다. 그는 여덟 살이다.

2 주격 인칭대명사

인칭대명사는 문장에서 하는 역할에 따라 모양과 뜻이 달라요. 주격 인칭대명사는 문장에서 **주어**로 쓰여요. 문장의 주인공이고, '~은/는', '~이/가'라고 해석해요.

I 나는	you 너는	he 그는	she 그녀는	it 그것은	we 우리는	you 너희는	they 그들은, 그것들은

You are my friend. 너는 내 친구다.
She is a student. 그녀는 학생이다.
It is my notebook. 그것은 나의 공책이다.
They live in San Francisco. 그들은 샌프란시스코에 산다.

> 주어 : 문장의 주인공이에요. 동사의 행동이나 상태의 주체예요.
>
> 예) They live in San Francisco.에서 샌프란시스코에 사는 주체는 그들(They)이에요.

3 목적격 인칭대명사

목적격 인칭대명사는 문장에서 **목적어**로 쓰여요.
동사의 행동의 대상이 되고, '~을(를)'로 해석해요.

me 나를	you 너를	him 그를	her 그녀를	it 그것을	us 우리를	you 너희를	them 그들을, 그것들을

Emily remembers **him**. 에밀리는 그를 기억하고 있다.
Mr. Anderson knows **her**. 앤더슨 씨는 그녀를 안다.
He visits **us** on Sundays. 그는 일요일에 우리를 방문한다.
We love **them**. 우리는 그들을 사랑한다.

> 목적어 : 동사의 행동의 대상이에요.
>
> 예) Emily remembers him.에서 에밀리가 기억하는 대상이 그(him)예요.

A 괄호 안에 알맞은 인칭대명사를 쓰세요.

주격 인칭대명사							
1. (　　)	2. (　　)	3. (　　)	4. (　　)	5. (　　)	6. (　　)	7. (　　)	8. (　　)
나는	너는	그는	그녀는	그것은	우리는	너희는	그들은, 그것들은
목적격 인칭대명사							
9. (　　)	10. (　　)	11. (　　)	12. (　　)	13. (　　)	14. (　　)	15. (　　)	16. (　　)
나를	너를	그를	그녀를	그것을	우리를	너희를	그들을, 그것들을

B 그림을 보고 괄호 안에서 알맞은 인칭대명사를 고르세요.

1. (She / He / It) has black hair.

2. (She / He / It) has blond hair.

3. (She / He / It) is wearing blue jeans.

4. (She / He / They) are children.

5. (She / He / They) has a doll.

C 각 문장에서 인칭대명사를 찾아 동그라미 하고, 그 뜻을 쓰세요.

1. She has pretty eyes. (뜻 :　　　　　　)

2. The students like him. (뜻 :　　　　　　)

3. We watch TV at night. (뜻 :　　　　　　)

4. The man helps her. (뜻 :　　　　　　)

5. My mother remembers you. (뜻 :　　　　　　)

hair 머리카락　blond 금발인　wear 입다　blue jeans 청바지　eye 눈　watch 보다, 지켜보다
at night 밤에　help 돕다, 도와주다　remember 기억하다

A 밑줄 친 부분을 인칭대명사로 바꿀 때 알맞은 것을 괄호 안에서 고르세요.

1. Everyone knows <u>David</u>.   (he / him)
   모두가 데이비드를 안다.

2. <u>My sister</u> learns Chinese.   (She / Her)
   우리 언니는 중국어를 배운다.

3. The boy wants <u>the toys</u>.   (us / them)
   그 남자아이는 그 장난감들을 원한다.

4. The girl likes <u>chocolate</u> very much.   (them / it)
   그 여자아이는 초콜릿을 무척 좋아한다.

5. <u>The children</u> are at the festival now.   (They / Them)
   그 아이들은 지금 그 축제에 있다.

6. <u>Emily and I</u> eat bread for lunch.   (You / We)
   에밀리와 나는 점심으로 빵을 먹는다.

B 그림을 참고하여 괄호 안에서 알맞은 인칭대명사를 고르세요.

1.

My brother likes sports.

(She / He) often plays baseball.

2.

There is a book on the table.

(It / They) is a history book.

3.

My friend Chloe lives in New York.

I miss (her / she).

4.

The shoes are so nice.

I like (it / them) so much.

everyone 모든 사람, 모두   know 알다   learn 배우다   Chinese 중국어, 중국인; 중국의   festival 축제   lunch 점심 식사
sports 스포츠   baseball 야구   history 역사   miss 그리워하다

C 우리말과 같은 뜻이 되도록 빈칸에 알맞은 인칭대명사를 쓰세요.

1. 우리는 함께 축구를 한다.

   → _____ play soccer together.

2. 나는 그를 무척 보고 싶다.

   → I miss _____ so much.

3. 그들은 주말에 캠핑을 간다.

   → _____ go camping on weekends.

4. 제임스는 그녀를 좋아하지 않는다.

   → James doesn't like _____ .

5. 우리 가족은 항상 나를 도와준다.

   → My family always helps _____ .

6. 그녀는 신선한 과일과 채소를 판다.

   → _____ sells fresh fruits and vegetables.

D 그림을 참고하여 빈칸에 알맞은 인칭대명사를 쓰세요.

1. This is Julia. I like _____ .

2. Look at the bag. _____ is pretty.

3. I have a sister. _____ is a nurse.

4. That is Mr. Kim. Do you know _____ ?

5. My mom has many books. She likes _____ .

play soccer 축구를 하다   together 함께   go camping 캠핑을 가다   weekend 주말   family 가족
always 항상   fruit 과일   vegetable 채소   nurse 간호사

A 우리말 뜻을 참고하여 밑줄 친 부분을 바르게 고쳐 문장을 다시 쓰세요.

1. <u>Me</u> play the piano every day. 나는 매일 피아노를 친다.

   →

2. Everyone in my class likes <u>she</u>. 우리 반의 모두가 그녀를 좋아한다.

   →

3. This is Anne. <u>He</u> is Dave's sister. 이 아이는 앤이야. 그녀는 데이브의 여동생이야.

   →

4. That is Paul. Do you know <u>he</u>? 저 애는 폴이야. 너는 그를 알아?

   →

5. I have two dogs and I love <u>it</u>. 나는 개가 두 마리 있고 그들을 사랑한다.

   →

B 주어진 단어들을 바르게 배열하여 우리말과 같은 뜻이 되도록 문장을 완성하세요.

1. 이 아이는 크리스토퍼이다. 나는 그를 좋아한다. (him / I / like / .)

   → This is Christopher.

2. 나는 이모가 한 명 있다. 나는 그녀를 무척 사랑한다. (her / I / very much / love / .)

   → I have an aunt.

3. 폴은 사과 주스를 좋아한다. 그는 그것을 매일 마신다. (drinks / every day / it / he / .)

   → Paul likes apple juice.

4. 제니는 그 남자를 사랑한다. 그녀는 그를 그리워한다. (him / misses / she / .)

   → Jenny loves the man.

5. 앤과 나는 톰과 피터를 좋아한다. 우리는 그들을 자주 만난다. (them / we / often meet / .)

   → Anne and I like Tom and Peter.

C 가족사진을 보고 빈칸에 알맞은 인칭대명사를 넣어 이야기를 완성하세요.

This is my family.

I have a grandmother. _____ is 60 years old. I love _____ very much.

I have a brother. _____ is five years old. I often play with _____.

I have a doll. _____ is very pretty. I always carry _____ with me.

D 빈칸에 알맞은 인칭대명사를 넣어 다양한 사람들의 이야기를 완성하세요.

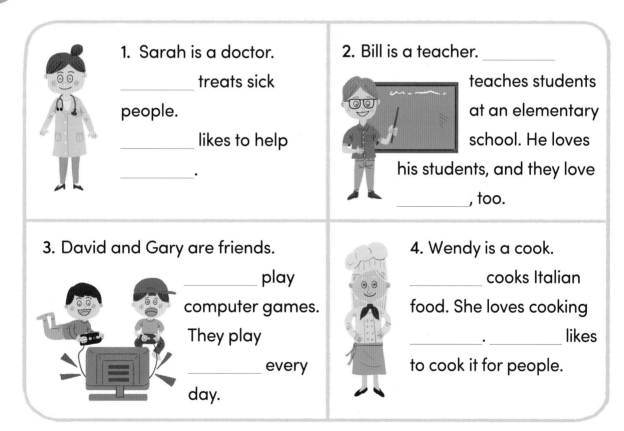

1. Sarah is a doctor. _____ treats sick people. _____ likes to help _____.

2. Bill is a teacher. _____ teaches students at an elementary school. He loves his students, and they love _____, too.

3. David and Gary are friends. _____ play computer games. They play _____ every day.

4. Wendy is a cook. _____ cooks Italian food. She loves cooking _____. _____ likes to cook it for people.

old 나이가 ~인, 늙은   carry 가지고 다니다   doctor 의사   treat 치료하다   sick 아픈   people 사람들
elementary school 초등학교   too ~도 또한   computer game 컴퓨터 게임   Italian 이탈리아의
food 음식, 식품   for ~를 위하여

 **UNIT 2** 소유격 인칭대명사와 소유대명사

▶ 동영상 강의를 보면서 학습하세요.

1 소유격 인칭대명사

'나의', '너의', '우리의'처럼 소유를 나타내는 인칭대명사가 있어요.
명사 앞에 쓰여서 그 명사가 누구의 것인지 나타내요.

my 나의	your 너의	his 그의	her 그녀의	its 그것의	our 우리의	your 너희의	their 그들의, 그것들의

This is my bicycle. 이것은 나의[내] 자전거다.
That is your book. 저것은 너의 책이다.

They are her friends. 그들은 그녀의 친구들이다.
It is their house. 그것은 그들의 집이다.

2 소유대명사

'나의 것', '너의 것'과 같이 소유격에 '것'이 합해진 소유대명사가 있어
요. 소유격과 명사를 합한 것으로 '~의 것'이라고 해석해요.

mine 나의 것	yours 너의 것	his 그의 것	hers 그녀의 것	ours 우리의 것	yours 너희의 것	theirs 그들의 것

That pencil is mine. (mine = my pencil)
저 연필은 내 것(내 연필)이다.

This bag is hers. (hers = her bag)
이 가방은 그녀의 것(그녀의 가방)이다.

it은 소유대명사가
없어요.

That computer is ours. (ours = our computer)
저 컴퓨터는 우리의 것(우리의 컴퓨터)이다.

These books are yours. (yours = your books)
이 책들은 너희의 것(너희의 책들)이다.

한눈에 보는 인칭대명사의 변화			
주격	목적격	소유격	소유대명사
I 나는	me 나를	my 나의	mine 나의 것
you 너는	you 너를	your 너의	yours 너의 것
he 그는	him 그를	his 그의	his 그의 것
she 그녀는	her 그녀를	her 그녀의	hers 그녀의 것
it 그것은	it 그것을	its 그것의	–
we 우리는	us 우리를	our 우리의	ours 우리의 것
you 너희는	you 너희를	your 너희의	yours 너희의 것
they 그들은 그것들은	them 그들을 그것들을	their 그들의 그것들의	theirs 그들의 것 그것들의 것

3 명사의 소유 나타내기

대명사뿐 아니라 명사도 소유를 나타낼 수 있어요.
명사 뒤에 's를 붙이면 되고, '~의' 또는 '~의 것'으로 해석해요.

This is my brother's room.
이것은 내 남동생의 방이다.

This hat is my mother's. 이 모자는 우리 엄마의 것이다.
(my mother's = my mother's hat)

Joe and Anne's mom is a chef.
조와 앤의 엄마는 요리사시다.

명사가 둘 이상일 때는
마지막 명사에만 's를 붙여요.

A 주어진 대명사의 소유격과 소유대명사를 쓰고 소유대명사의 우리말 뜻을 쓰세요.

보기 I ____my____ bed ⟶ ____mine____ (뜻 : 나의 것)
침대

1. you _____ desk ⟶ _____ (뜻 :)
책상

2. she _____ pen ⟶ _____ (뜻 :)
펜

3. he _____ socks ⟶ _____ (뜻 :)
양말

4. it _____ window ⟶
창문

5. we _____ garden ⟶ _____ (뜻 :)
정원

6. they _____ school ⟶ _____ (뜻 :)
학교

B 그림을 참고하여 주어진 명사의 소유격을 빈칸에 쓰세요.

1.

(Heidi)

_____ dad is a pilot.

2.

(elephant)

An _____ nose is long.

3.

(George)

This is _____ bag.

4.

(Tom and Sue)

_____ house is small.

✿TIP 명사가 둘 이상일 때는 마지막 명사에만 's를 붙여 소유를 나타내요.

🔍 pilot (비행기) 조종사 nose 코 small (크기가) 작은

A 그림을 참고하여 괄호 안에서 알맞은 것을 고르세요.

1.

Jake is 13 years old.

Today is (he / his) birthday.

2.

This is my cat.

(She / Her) name is Coco.

3.

Sally has a backpack.

(Her / Hers) backpack is blue.

4.

They live in the country.

(Their / Theirs) house is on a hill.

B 우리말과 같은 뜻이 되도록 빈칸에 알맞은 단어를 보기에서 골라 쓰세요.

| 보기 | mine | yours | his | hers | ours |

1. A laptop is on the desk. It is _____.

노트북 컴퓨터 한 대가 책상 위에 있다. 그것은 그의 것이다.

2. The red shoes are _____.

그 빨간 신발은 그녀의 것이다.

3. Billy's bag is over there. This is _____.

빌리의 가방은 저쪽에 있다. 이것은 내 것이다.

4. We have a blue bicycle. That is _____.

우리는 파란색 자전거 한 대가 있다. 저것은 우리의 것이다.

5. Anne, is this bedroom _____?

앤, 이 침실이 너의 것이니?

C 우리말과 같은 뜻이 되도록 빈칸에 알맞은 인칭대명사를 쓰세요.

1. 이것은 그녀의 전화번호다.

   → This is _____ phone number.

2. 그 장갑은 내 것이다.

   → The gloves are _____.

3. 그것의 제목은 ≪빨간 머리 앤≫이다.

   → _____ title is *Anne of Green Gables*.

4. 그 사진들은 그들의 것이다.

   → The photos are _____.

D 두 문장이 같은 뜻이 되도록 빈칸에 알맞은 소유대명사를 쓰세요.

1. This is my book. → This book is _____.

2. That is her smartphone. → That smartphone is _____.

3. His car is old. → The old car is _____.

4. This is your ice cream. → This ice cream is _____.

E 주어진 명사의 소유격을 빈칸에 쓰세요.

1. This is _____ jacket. (Emma)

   이것은 에마의 재킷이다.

2. _____ eyes are black. (My puppy)

   내 강아지의 눈은 검정색이다.

3. These are _____ toys. (my brother)

   이것들은 내 남동생의 장난감들이다.

A 우리말 뜻을 참고하여 밑줄 친 부분을 바르게 고쳐 문장을 다시 쓰세요.

1. This is he train ticket. 이것은 그의 기차표다.
   →

2. Mine father is over there. 우리 아빠는 저기에 계신다.
   →

3. She has many flowers in hers garden. 그녀는 정원에 꽃이 많다.
   →

4. Jisu has a white watch. This is her. 지수는 흰색 시계를 갖고 있다. 이것은 그녀의 것이다.
   →

5. Ours English teacher is from the U.S. 우리 영어 선생님은 미국에서 오셨다.
   →

B 주어진 단어들을 바르게 배열하여 우리말과 같은 뜻이 되도록 문장을 완성하세요.

1. 저 녹색 셔츠는 그의 것이다. (is / green shirt / that / his / .)
   →

2. 이 금메달은 우리의 것이다. (ours / this / is / gold medal / .)
   →

3. 그 장갑은 존의 것이다. (the / John's / are / gloves / .)
   →

4. 그들의 학교는 그 박물관 근처에 있다. (near the musem / is / school / their / .)
   →

5. 이 펜은 나의 것이고 저 펜은 너의 것이다.
   (mine / yours / and that pen / is / is / this pen / .)
   →

C 다양한 사물을 보고 빈칸에 알맞은 인칭대명사의 소유격이나 소유대명사를 넣어 문장을 완성하세요.

1. This is your toothbrush. = This toothbrush is _____.	2. This is my lunch box. = This lunch box is _____.
3. This is Daniel's baseball. = This is _____ baseball. = This baseball is _____.	4. These are Julia's pencils. = These are _____ pencils. = These pencils are _____.

D 메리네 집 신발장을 보고 빈칸에 보기의 단어 중 알맞은 것을 넣어 대화를 완성하세요.

보기   his   mom's   mine   yours   dad's

Dad   Mom

Mary

Mom   Mary

A : Mary, are these pink shoes _____?

B : Yes. They are my shoes. They are _____.

A : Are the black shoes your _____?

B : Yes. They are _____.

A : Is this black umbrella yours?

B : No, it is not mine. It is my _____ umbrella.

🔍 baseball 야구공   toothbrush 칫솔   lunch box 도시락

UNIT 3 비인칭 주어 it

▶ 동영상 강의를 보면서 학습하세요.

1 비인칭 주어 it

it이 문장의 주어로 쓰이면서 시간, 날짜, 날씨 등을 나타내기도 해요. 그럴 때의 it은 '그것'이라고 해석하지 않아요.
이렇게 인칭대명사 it과 다르게 쓰이는 it을 비인칭 주어라고 해요.

> **인칭대명사 it : '그것'이라고 해석**
> It is my bag. 그것은 내 가방이다.
> ------------------------------------
> **비인칭 주어 it : 해석하지 않음**
> It is 7 o'clock. 7시다.

2 비인칭 주어 it이 나타내는 것들

1) 시간

A: **What time is it (now)?** (지금) 몇 시예요?

B: **It is 2 o'clock.** 2시예요.

　It is eleven ten. 11시 10분이에요.

2) 날짜

A: **What's the date today? / What date is it today?** 오늘 며칠이에요?

B: **It is November 7th.** 11월 7일이에요.

3) 요일

A: **What day is it today?** 오늘 무슨 요일이에요?

B: **It is Wednesday.** 수요일이에요.

4) 계절

It is winter. 겨울이다.　　**It is spring.** 봄이다.

5) 연도

It is 2010. 2010년이다.　　**It is 2023.** 2023년이다.

6) 날씨

A: **How is the weather? / What's the weather like?** 날씨가 어때요?

B: **It is sunny.** 맑아요.

　It is cold. 추워요.

　It is raining. 비가 오고 있어요.

A 각 문장에서 it이 비인칭 주어로 쓰였으면 Yes에, 그렇지 않으면 No에 √ 표시 하세요.

1. It is rainy. ☐ Yes ☐ No

2. It is an airplane. ☐ Yes ☐ No

3. It is his bike. ☐ Yes ☐ No

4. It is autumn here. ☐ Yes ☐ No

5. It is twelve thirty. ☐ Yes ☐ No

6. It is September 20th. ☐ Yes ☐ No

7. It is on the desk. ☐ Yes ☐ No

B 그림을 참고하여 밑줄 친 비인칭 주어가 무엇을 나타내는지 고르세요.

1.
It is sunny. (시간 / 날씨)

2.
It is nine thirty. (날짜 / 시간)

3.
It is May 1st. (날짜 / 요일)

4.
It is Friday today. (시간 / 요일)

5.

It is fall. (날짜 / 계절)

6.

It is so hot today. (날짜 / 날씨)

🔍 rainy 비가 오는   bike 자전거   autumn 가을   here 여기에   September 9월   sunny 맑은, 화창한
May 5월   Friday 금요일   fall 가을   hot 더운

A 그림을 보고 보기에서 알맞은 단어를 골라 빈칸에 써서 문장을 완성하세요.

| 보기 | April | Monday | hot | four |

1.

MON

It is _____ .

2.

04:20

It is _____ twenty.

3.

April 7

It is _____ 7th.

4.

12

It is _____ in December in Brazil.

B 질문에 대한 대답으로 알맞은 것을 둘 중에서 골라 √ 표시 하세요.

1. What time is it?

------ ☐ It's Sunday. ☐ It's six ten.

2. How is the weather?

------ ☐ It's spring. ☐ It's cold.

3. What's the date today?

------ ☐ It's August 15th. ☐ It's Friday.

4. What day is it today?

------ ☐ It's May 10th. ☐ It's Monday.

5. What season is it now in New York?

------ ☐ It's 8 o'clock. ☐ It's winter.

April 4월 Monday 월요일 December 12월 Brazil 브라질 time 시간, 시 Sunday 일요일 weather 날씨 spring 봄 date 날짜 August 8월 season 계절 o'clock ~시(정각) winter 겨울

C 대답을 보고 괄호 안에서 알맞은 것을 골라 질문을 완성하세요.

1. What (date / time) is it?   - - - - - -   It's eight ten.

2. What (date / day) is it today?   - - - - - -   It's Thursday.

3. How is the (time / weather) today? - - - - - -   It's cloudy and windy.

4. What's the (date / day) today?   - - - - - -   It's October 10th.

5. What's the (weather / season) there? - - - - - - It's summer here.

D 질문에 알맞은 대답을 연결하세요.

1. What time is it?   •   ⓐ It's very hot.

2. What day is it today?   •   ⓑ It's ten fifteen.

3. What date is it today?   •   ⓒ It's Saturday.

4. What's the weather like?   •   ⓓ It's spring.

5. What's the season there?   •   ⓔ It's March 12th.

E 우리말과 같은 뜻이 되도록 빈칸에 알맞은 단어를 쓰세요.

1. 오늘은 날씨가 무척 춥다.   → _____ is very cold today.

2. 몇 시예요?   → _____ time is _____ ?

3. A : 오늘 무슨 요일이에요?   → A : What day is _____ today?

   B : 금요일이에요.   → B : _____ is Friday.

4. A : 오늘 며칠이에요?   → A : What date is _____ today?

   B : 1월 15일이에요.   → B : _____ is January 15th.

Thursday 목요일 cloudy 흐린 windy 바람이 부는 October 10월 summer 여름
Saturday 토요일 March 3월 January 1월

A 우리말 뜻을 참고하여 밑줄 친 부분을 바르게 고쳐 문장을 다시 쓰세요.

1. This is five thirty. 5시 30분이다.
→ _____

2. Year is 2024. (올해는) 2024년이다.
→ _____

3. That is windy in Seoul. 서울에는 바람이 분다.
→ _____

4. Date is February 24th. (오늘은) 2월 24일이다.
→ _____

5. She is summer in Australia now. 오스트레일리아는 지금 여름이다.
→ _____

B 주어진 단어들을 바르게 배열하여 우리말과 같은 뜻이 되도록 문장을 완성하세요.

1. 오늘은 토요일이다. (today / is / Saturday / it / .)
→ _____

2. 11시 7분이다. (seven / is / it / eleven / .)
→ _____

3. 수원은 날이 맑다. (it / sunny / is / in Suwon / .)
→ _____

4. 6월 20일이다. (June 20th / is / it / .)
→ _____

5. 뉴욕은 가을이다. (autumn / it / is / in New York / .)
→ _____

year 해, 년 February 2월 Australia 오스트레일리아, 호주 June 6월

C 소녀가 외계인과 교신하고 있어요. 외계인의 질문에 알맞은 대답을 영어로 쓰고, 질문과 대답을 우리말로 해석하세요.

→Today

보기

What season is it?

It is spring.

무슨 계절인가요?

봄이에요.

1. What year is it?

2. What's the date today?

3. What day is it today?

4. What time is it?

5. How is the weather?

UNIT 4 지시대명사 this, that

▶ 동영상 강의를 보면서 학습하세요.

1 지시대명사 this와 that

가까이 있거나 멀리 있는 사람, 동물, 사물을 '이것' 또는 '저것'으로 가리켜 말하는 단어를 '지시대명사'라고 해요.
지시대명사 this는 가까이 있는 것을 '**이것, 이 사람**'이라고 가리키고, that은 멀리 있는 것을 '**저것, 저 사람**'이라고
가리켜요.

This is a dog. 이것은 개다.　　　　**That** is a cat. 저것은 고양이다.

2 지시대명사 these와 those

가리키는 대상이 둘 이상으로 복수일 때는 지시대명사 these 또는
those를 써요.
가까이 있는 둘 이상의 대상을 가리킬 때는 these를, 멀리 있는 둘
이상의 대상을 가리킬 때는 those를 써요.

	가까이 있는 것	멀리 있는 것
단수	this (이것, 이 사람)	that (저것, 저 사람)
복수	these (이것들, 이 사람들)	those (저것들, 저 사람들)

This is a rose. 이것은 장미다.
These are roses. 이것들은 장미다.

This is my friend. 이 아이는 내 친구다.
These are my friends. 이 아이들은 내 친구들이다.

That is my sister. 저 사람은 내 언니다.
Those are my sisters. 저 사람들은 내 언니들이다.

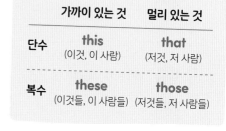

That is an airplane. 저것은 비행기다.
Those are airplanes. 저것들은 비행기다.

◉ 지시형용사

지시대명사가 명사 앞에서 '이 ~', '저 ~'라는 의미의 형용사로 쓰이기도 하는데, 이것을 **지시형용사**라고 불러요.
단수 명사 앞에는 this나 that, 복수 명사 앞에는 these나 those를 써요.

This man is her uncle. 이 남자는 그녀의 삼촌이다.　　**That** horse is fast. 저 말은 빠르다.
These roses are beautiful. 이 장미들은 아름답다.　　**Those** apples are red. 저 사과들은 빨갛다.

A 각 문장에서 지시대명사를 찾아 동그라미 하세요.

1. This is a doughnut.

2. That is my friend Charlie.

3. These are computers.

4. Those are her daughters.

5. That is a train.

6. These are my parents.

B 그림을 보고 괄호 안에서 알맞은 지시대명사를 고르세요.

1.

(This / That) is a giraffe.

2.

(This / That) is a soccer ball.

3.

(These / Those) are flowers.

4.

(These / Those) are zebras.

C 괄호 안에서 알맞은 지시대명사를 고르세요.

1. (This / These) is Mr. Anderson.

2. (This / These) are my T-shirts.

3. (That / Those) is my dad's belt.

4. (That / Those) are Anne's parents.

5. (This / These) boys are Nick's friends.

6. (That / Those) cake is really sweet.

doughnut 도넛 daughter 딸 parents 부모님 giraffe 기린 soccer ball 축구공 zebra 얼룩말
belt 허리띠 cake 케이크 really 정말로

A 그림을 보고 빈칸에 This, That, These, Those 중 알맞은 것을 쓰세요.

1.

_____ is a book.

2.

_____ are candles.

3.

_____ is my grandmother.

4.

_____ are polar bears.

5.

_____ is my phone.

6.

_____ is a post office.

B 우리말과 같은 뜻이 되도록 빈칸에 알맞은 지시대명사나 지시형용사를 쓰세요.

1. 이것은 세계 지도다. → _____ is a world map.

2. 저것은 병원이다. → _____ is a hospital.

3. 이것들은 만화책들이다. → _____ are comic books.

4. 저것들은 그의 모자들이다. → _____ are his caps.

5. 이 차는 우리 아빠의 것이다. → _____ car is my father's.

6. 저 기타들은 매우 낡았다. → _____ guitars are very old.

7. 저 별들은 밝게 빛난다. → _____ stars are bright.

8. 이 장갑들은 따뜻하다. → _____ gloves are warm.

candle 양초 polar bear 북극곰 post office 우체국 map 지도 hospital 병원 comic book 만화책 guitar 기타 warm 따뜻한

C 우리말 뜻을 참고하여 틀린 부분을 찾아 바르게 고치세요.

1. This are strawberries. 이것들은 딸기다.

[_____] → [_____]

2. These is Olivia's brother. 이 아이는 올리비아의 남동생이다.

[_____] → [_____]

3. That are my glasses. 저것들은 나의 안경이다.

[_____] → [_____]

4. Those is Ms. Kim's husband. 저 사람은 김 씨의 남편이다.

[_____] → [_____]

D 우리말과 같은 뜻이 되도록 괄호 안에서 알맞은 것을 고르세요.

1. 이것은 지우개다.

→ (This / That) is (an eraser / erasers).

2. 저것들은 크리스마스 선물들이다.

→ (These / Those) are Christmas (gift / gifts).

3. 저 탁자는 크고 둥글다.

→ (That table / Those tables) is big and round.

4. 이 아이들은 우리 학교 학생들이다.

→ (This / These) are the (student / students) of our school.

5. 저것들은 내 여동생의 인형들이다.

→ (That / Those) are my sister's (doll / dolls).

glasses 안경　husband 남편　eraser 지우개　gift 선물

A 각 문장을 지시대로 다시 쓰세요.

1. This is a bottle. 이것은 병이다.

[복수로] _____

2. That is a tower. 저것은 탑이다.

[복수로] _____

3. These are my friends. 이 아이들은 내 친구들이다.

[단수로] _____

4. Those are oranges. 저것들은 오렌지다.

[단수로] _____

> ✿TIP 셀 수 있는 명사의 단수형
> 앞에는 관사 a 또는 an을 붙여요.

5. This movie is funny. 이 영화는 재미있다.

[복수로] _____

B 주어진 단어들을 바르게 배열하여 우리말과 같은 뜻이 되도록 문장을 완성하세요.

1. 이것은 소나무다. (is / a / this / pine tree / .)

→ _____

2. 저것들은 크리스마스트리다. (are / Christmas trees / those / .)

→ _____

3. 저것은 내 노트북 컴퓨터다. (laptop computer / that / my / is / .)

→ _____

4. 이분들은 우리 학교 선생님들이시다. (school teachers / are / my / these / .)

→ _____

5. 저 남자는 내 이웃이다. (neighbor / is / man / that / my / .)

→ _____

C 가까이 있거나 멀리 있는 사물의 그림을 보고 알맞은 지시대명사와 be동사를 사용하여 글을 완성하세요.

1. Look at the pink room.

_____ _____ a mug.
_____ _____ books.
_____ _____ a clock.
_____ _____ photos.

2. Look at the blue room.

_____ _____ a cake.
_____ _____ dishes.
_____ _____ gifts.
_____ _____ balloons.

D 빈칸에 알맞은 지시대명사와 be동사를 넣어 산신령과 아이의 대화를 완성하세요.

1.

Is _____ your golden ax?
- No, _____ is not mine.

2.

Are _____ your bats?
- No, _____ are not mine.

3.

Are _____ your hammers?
- No, _____ _____ not mine.

4.

Is _____ your silver ax?
- Yes, _____ _____ mine.

🔍➕ mug 머그잔   clock 시계(탁상시계나 벽시계)   balloon 풍선   golden 금으로 된   ax 도끼
bat 방망이, 야구 배트   hammer 망치   silver 은; 은으로 된

1 다음 중 인칭대명사의 성격이 나머지와 <u>다른</u> 하나를 고르세요.

① my   ② his   ③ your
④ us   ⑤ their

2 짝지어진 두 단어의 관계가 나머지와 <u>다른</u> 하나를 고르세요.

① I - me   ② you - you
③ she - her   ④ he - his
⑤ they - them

3 빈칸에 알맞은 대명사를 고르세요.

> Do you know _____?

① she   ② we   ③ my
④ him   ⑤ his

4 빈칸에 들어갈 수 <u>없는</u> 것을 고르세요.

> The girl is _____ friend.

① his   ② hers   ③ my
④ our   ⑤ their

5-6 밑줄 친 부분을 대신할 수 있는 대명사를 고르세요.

5

> <u>David and I</u> are students.
> → _____ are students.

① They   ② He   ③ We
④ Ours   ⑤ Their

6

> This is <u>my phone</u>.
> → This is _____.

① mine   ② me   ③ I
④ theirs   ⑤ his

7 질문에 대한 대답으로 알맞은 것을 고르세요.

> A: What's the date today?
> B: _____

① It is Tuesday.
② It is eleven forty-five.
③ It is very hot.
④ It is winter.
⑤ It is July 12th.

＊Tuesday 화요일 July 7월

8-9 그림을 보고 빈칸에 알맞은 것을 고르세요.

8

_____ is Amy's bag.

① This   ② That   ③ These
④ Those   ⑤ They

9

_____ are apples.

① This   ② That   ③ These
④ Those   ⑤ It

10 다음 대화의 빈칸에 공통으로 들어갈 단어를 고르세요.

> A: What day is _____ today?
> B: _____ is Saturday.

① the(The)   ② this(This)
③ it(It)   ④ it's(It's)
⑤ that(That)

11 It의 쓰임이 나머지와 <u>다른</u> 하나를 고르세요.

① It is cold.
② It is 7 o'clock.
③ It is June 20th.
④ It is my diary.
⑤ It is summer.

12 우리말을 영어로 바르게 옮긴 것을 고르세요.

> 이 책상은 존의 것이다.

① This is John desk.
② This desk is John's.
③ This John's desk is.
④ Is this John's desk?
⑤ This John's desk is.

13 주어진 문장의 밑줄 친 부분과 쓰임이 같은 것을 고르세요.

> <u>It</u> is my soccer ball.

① <u>It</u> is windy.
② <u>It</u> is winter.
③ <u>It</u> is two fifty.
④ <u>It</u> is a building.
⑤ <u>It</u> is Friday.

14 다음 중 **틀린** 문장을 고르세요.

① It is Jane bag.
② This is Yuna's cup.
③ It's his umbrella.
④ That is my father's car.
⑤ That cell phone is your sister's.

* cell phone 휴대폰

15 다음 중 올바른 문장을 고르세요.

① The shoes are mine.
② This is hers laptop computer.
③ That are George's brothers.
④ Do you know him name?
⑤ That is ours house.

16-18 빈칸에 들어갈 말이 바르게 짝지어진 것을 고르세요.

16

> • _____ is a police officer.
> • _____ are my parents.

① I - This   ② He - We
③ He - They   ④ You - They
⑤ She - We

* police officer 경찰관

17

> • _____ are Sarah's books.
> • These books are _____.

① This - her   ② These - her
③ This - hers   ④ These - this
⑤ These - hers

18

> • Jenny likes _____ flowers.
> • _____ man is my uncle.

① this - This
② these - That
③ those - Those
④ this - Those
⑤ that - These

* uncle 삼촌, 아저씨

19 빈칸에 들어갈 단어의 성격이 나머지와 **다른** 하나를 고르세요.

① The teddy bear is _____.
② It is _____ camera.
③ They are _____ dolls.
④ Those are _____ shoes.
⑤ _____ crayons are new.

* crayon 크레용 new 새로운

20 다음 문장을 바르게 고치는 방법으로 알맞은 것을 고르세요.

> This is mine concert ticket.

① mine을 me로 고친다.
② mine을 my로 고친다.
③ This를 It으로 고친다.
④ mine 앞에 a를 붙인다.
⑤ ticket을 tickets로 고친다.

＊ concert 콘서트

21 우리말과 같은 뜻이 되도록 빈칸에 알맞은 말을 써 넣어 대화를 완성하세요.

> A: 몇 시예요?
> What _____ is _____ ?
> B: 3시 20분이에요.
> _____ _____ three twenty.

22-23 우리말 뜻에 맞도록 틀린 부분을 바르게 고쳐 문장을 다시 쓰세요.

22

> This is me sister Anne.
>
> 얘는 내 동생 앤이에요.
>
> → _____

23

> Those is children's books.
>
> 저것들은 아이들 책이에요.
>
> → _____

24-25 주어진 단어들을 사용하여 우리말과 같은 뜻의 영어 문장을 쓰세요.

24

> 이것은 나의 엄마의 사진이다.
> (my mom, photo)
>
> → _____

25

> 저 책들은 그녀의 것이다.
> (books)
>
> → _____

앞에서 배운 단어를 한 번 더 확인하고 어렵거나 모르는 단어는 다시 공부하세요.

☐ always	항상	☐ autumn	가을
☐ backpack	배낭	☐ birthday	생일
☐ cloudy	흐린	☐ date	날짜
☐ daughter	딸	☐ doctor	의사
☐ everyone	모든 사람, 모두	☐ family	가족
☐ festival	축제	☐ food	음식, 식품
☐ fruit	과일	☐ gift	선물
☐ hair	머리카락	☐ help	돕다, 도와주다
☐ history	역사	☐ hospital	병원
☐ know	알다	☐ learn	배우다
☐ meet	만나다	☐ miss	그리워하다
☐ name	이름	☐ parents	부모님
☐ people	사람들	☐ remember	기억하다
☐ season	계절	☐ sick	아픈
☐ sunny	맑은, 화창한	☐ title	제목
☐ together	함께	☐ warm	따뜻한
☐ watch	보다, 지켜보다	☐ weather	날씨
☐ weekend	주말	☐ year	해, 년

CHAPTER 3

be동사의 현재형

be동사는 '~이다, (~에) 있다, (상태가) ~하다'라는 뜻으로, 현재형은 주어에 따라 am, are, is 중 하나를 써요.
'나는 학생이다', '나는 내 방에 있다', '나는 기쁘다'처럼 현재의 상태를 나타내는 be동사의 현재형에 대해 배워요.

 **UNIT 1 be동사의 긍정문과 부정문**

▶ 동영상 강의를 보면서 학습하세요.

① be동사 am, are, is

be동사는 '~이다', '(~에) 있다', '(상태가) ~하다'라는 뜻의 동사예요. 주어에 따라 am, are, is 중 하나를 써요.

I am a student. 나는 학생이다. (~이다)
You are in Korea now. 너는 지금 한국에 있다. (~에 있다)
He is tall. 그는 키가 크다. (상태가 ~하다)

주어	be동사
I	am
You, We, They, These, Those, 복수 명사	are
He, She, It, This, That, 단수 명사	is

② 단수 명사 뒤에는 is, 복수 명사 뒤에는 are

주어가 단수 명사일 때는 is를 쓰고, 복수 명사일 때는 are를 써요. 셀 수 없는 명사는 단수로 취급하여 is를 써요.

Brad is in the classroom. 브래드는 교실에 있다. (단수 명사)
The hamsters are cute. 그 햄스터들은 귀엽다. (복수 명사)
This ice cream is sweet. 이 아이스크림은 달콤하다. (셀 수 없는 명사)

③ be동사의 부정문

be동사의 부정문은 be동사 뒤에 not을 써서 만들어요.
'~이 아니다', '(~에) 있지 않다', '(상태가) ~하지 않다'라는 뜻이 돼요.

I am not a teacher. 나는 교사가 아니다. (~이 아니다)
They are not in the restaurant. 그들은 그 식당에 있지 않다. (~에 있지 않다)
The dog is not black. 그 개는 검은색이 아니다. (상태가 ~하지 않다)

⊙ **인칭대명사 주어와 be동사는 줄여서 쓰는 경우가 많아요.**

긍정문		부정문	
I am	→ I'm	I am not	→ I'm not
You are	→ You're	You are not	→ You're not / You aren't
She is	→ She's	She is not	→ She's not / She isn't
He is	→ He's	He is not	→ He's not / He isn't
It is	→ It's	It is not	→ It's not / It isn't
We are	→ We're	We are not	→ We're not / We aren't
They are	→ They're	They are not	→ They're not / They aren't

am과 not은 줄여 쓰지 않아요.

A 빈칸에 알맞은 be동사를 쓰세요.

1. You _____ late again.
너는 또 늦었구나.

2. I _____ in the theater now.
나는 지금 극장에 있다.

3. She _____ a doctor.
그녀는 의사다.

4. They _____ middle school students.
그들은 중학생이다.

5. We _____ cousins.
우리는 사촌이다.

6. It _____ an interesting book.
그것은 재미있는 책이다.

7. He _____ thirsty.
그는 목이 마르다.

8. This bread _____ so soft.
이 빵은 무척 부드럽다.

B 그림을 참고하여 괄호 안에서 알맞은 것을 고르세요.

1. Bears (is / are) big.

2. This juice (is / are) cold.

3. My dad (are / is) a cook.

4. Ann and Tom (is / are) students.

5. Nelly (is / are) a dancer.

C 긍정문을 부정문으로 바꿀 때 빈칸에 알맞은 말을 쓰세요.

1. I am sad. → I _____ _____ sad. 나는 슬프지 않다.

2. You are my friend. → You _____ _____ my friend. 너는 내 친구가 아니다.

3. She is in the room. → She _____ _____ in the room. 그녀는 방에 없다.

4. We are hungry. → We _____ _____ hungry. 우리는 배가 고프지 않다.

🔍 late 늦은 again 또, 다시 theater 극장 middle school 중학교 cousin 사촌 interesting 재미있는
thirsty 목이 마른 soft 부드러운 dancer 댄서, 무용수 hungry 배고픈

A 괄호 안에서 알맞은 것을 고르고 빈칸에 그것을 줄인 형태를 쓰세요.

1. I (am / are / is) sick. → _____ sick.
나는 아프다.

2. It (am / are / is) a butterfly. → _____ a butterfly.
그것은 나비다.

3. She (is not / are not) short. → She _____ short.
그녀는 키가 작지 않다.

4. We (is not / are not) students. → We _____ students.
우리는 학생이 아니다.

5. They (is not / are not) twins. → They _____ twins.
그들은 쌍둥이가 아니다.

6. He (am not / is not) in Seoul. → _____ not in Seoul.
그는 서울에 있지 않다.

B 그림을 보고 빈칸에 알맞은 단어를 쓰세요.

1.

I _____ _____ a man.
I am a woman.

2.

This is not a tree.
It _____ a flower.

3.

This _____ _____ a guitar.
It is a piano.

4.

He is not a cook.
He _____ a soldier.

5.

We _____ _____ at home.
We are in the park.

6.

These birds are not black.
They _____ white.

short 키가 작은, 짧은 twins 쌍둥이 soldier 군인

C 우리말과 같은 뜻이 되도록 괄호 안에서 알맞은 것을 골라 빈칸에 쓰세요.

1. 너는 틀리지 않았다.

→ You ＿＿＿＿＿＿＿＿＿ wrong. (isn't / aren't)

2. 그는 신디의 오빠가 아니다.

→ He ＿＿＿＿＿＿＿＿＿ Cindy's brother. (isn't / aren't)

3. 오늘은 날이 흐리지 않다.

→ It ＿＿＿＿＿＿＿＿＿ cloudy today. (isn't / aren't)

4. 그들은 축구 선수가 아니다.

→ They ＿＿＿＿＿＿＿＿＿ soccer players. (isn't / aren't)

5. 이 씨는 작가가 아니다.

→ Mr. Lee ＿＿＿＿＿＿＿＿＿ a writer. (isn't / aren't)

6. 그 남자아이들은 졸리지 않다.

→ The boys ＿＿＿＿＿＿＿＿＿ sleepy. (isn't / aren't)

D 우리말 뜻을 참고하여 틀린 부분을 찾아 바르게 고치세요.

1. The boys is in the restaurant.

그 남자아이들은 식당에 있다.

＿＿＿＿＿＿ → ＿＿＿＿＿＿

2. This soup are not hot.

이 수프는 뜨겁지 않다.

＿＿＿＿＿＿ → ＿＿＿＿＿＿

3. They is not my classmates.

그들은 나와 같은 반 친구들이 아니다.

＿＿＿＿＿＿ → ＿＿＿＿＿＿

4. You isn't a child.

너는 어린아이가 아니다.

＿＿＿＿＿＿ → ＿＿＿＿＿＿

5. The children not are in the library.

그 아이들은 도서관에 있지 않다.

＿＿＿＿＿＿ → ＿＿＿＿＿＿

wrong 틀린, 잘못된 soccer player 축구 선수 writer 작가 sleepy 졸린 restaurant 식당
soup 수프 classmate 같은 반 친구 library 도서관

A 각 문장을 부정문으로 바꿔 쓰세요.

1. I am hungry. 배고파요.

[부정문] _____

2. You are at home. 너는 집에 있다.

[부정문] _____

3. He is a famous singer. 그는 유명한 가수다.

[부정문] _____

4. Amy is an elementary school student. 에이미는 초등학생이다.

[부정문] _____

5. The shoes are my brother's. 그 신발은 내 남동생의 것이다.

[부정문] _____

B 주어진 단어들을 바르게 배열하여 우리말과 같은 뜻이 되도록 문장을 완성하세요.

1. 나는 지금 행복하다. (I / happy now / am / .)

→ _____

2. 그들은 미국인 교사들이다. (are / American teachers / they / .)

→ _____

3. 이것은 내 시계가 아니다. (my watch / this / not / is / .)

→ _____

4. 그녀는 주방에 없다. (not / is / in the kitchen / she / .)

→ _____

5. 거북이는 빠르지 않다. (turtles / fast / not / are / .)

→ _____

famous 유명한　American 미국인의, 미국의; 미국인　kitchen 주방, 부엌　turtle 거북이

C 그림을 보고 빈칸에 be동사의 긍정형이나 부정형을 넣어 글을 완성하세요.

①  ②  ③  ④  ⑤

1. I _____ _____ a soccer player.
   I _____ a farmer.

2. You _____ _____ a student.
   You _____ a teacher.

3. Olivia _____ _____ a police officer. She _____ a singer.

4. Brad _____ _____ a scientist.
   He _____ a fire fighter.

5. Alice and Tom _____ _____ doctors. They _____ cooks.

D 빈칸에 알맞은 be동사의 긍정형이나 부정형을 넣어 스텔라의 자기소개 글을 완성하세요.

Hello! I _____ Stella. I _____ 10 years old. I _____ an elementary school student. I _____ Canadian. I _____ American.
I live with my mom, dad, and my sister, Clara. Clara _____ five years old. She _____ _____ a student.
I have a dog. Her name _____ Coco. Coco _____ always near me. We _____ good friends.

UNIT 2 be동사의 의문문

▶ 동영상 강의를 보면서 학습하세요.

① be동사의 의문문

be동사의 의문문은 be동사를 주어 앞에 쓰고 문장 끝에 물음표를 써요.
'~인가요?', '(~에) 있나요?', '(상태가) ~한가요?'라는 뜻이에요.

평서문 **You are** a nurse. 당신은 간호사예요.

의문문 **Are** you a nurse? 당신은 간호사인가요?

② 의문문에 대한 대답

	질문	긍정 대답	부정 대답
단수	Am I ~? Are you ~? Is he/she/it ~? Is this/that ~?	Yes, you are. Yes, I am. Yes, he/she/it is. Yes, it is.	No, you are not. No, I am not. No, he/she/it is not. No, it is not.
복수	Are we ~? Are you ~? Are they ~?	Yes, you[we] are. Yes, we are. Yes, they are.	No, you[we] are not. No, we are not. No, they are not.

Am I wrong? ------ **No, you're not. / No, you aren't.**
내가 틀렸어요?

Are you a student? ------ **Yes, I am.** ← Yes로 대답할 때는 줄여서 말하지 않아요.
당신은 학생인가요? 네.

Is he your father? ------ **No, he's not. / No, he isn't.**
그분이 네 아버지시니? 아니에요.

Is this his bag? ------ **Yes, it is.** ← it, this, that, 사물을 나타내는 단수 명사는 모두 it으로 대답해요.
이게 그의 가방이니? 응.

Is Joanne in her room? ------ **No, she's not. / No, she isn't.**
조앤이 자기 방에 있어요? 아니요.

Are they zebras? ------ **Yes, they are.**
그것들이 얼룩말이에요? 네.

Are the men Canadian? ------ **No, they're not. / No, they aren't.**
그 사람들이 캐나다인이에요? 아니요.

A 괄호 안에서 알맞은 be동사를 고르세요.

1. (Am / Are / Is) you a fire fighter? 당신은 소방관인가요?

2. (Am / Are / Is) the man Chinese? 그 남자는 중국인인가요?

3. (Am / Are / Is) it your notebook? 그것은 너의 공책이니?

4. (Am / Are / Is) they in the classroom? 그들이 교실에 있나요?

B 그림을 보고 알맞은 대답을 골라 √ 표시 하세요.

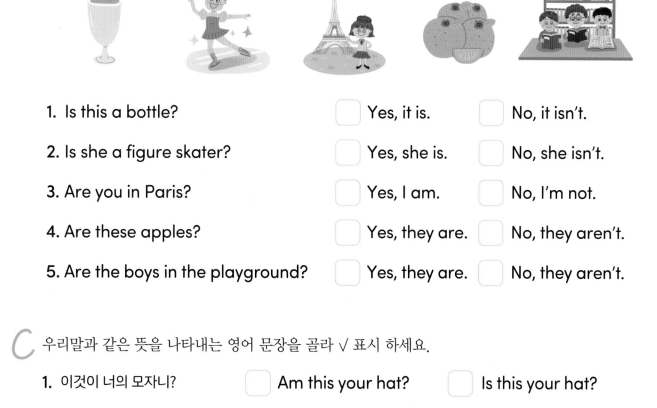

1. Is this a bottle? ☐ Yes, it is. ☐ No, it isn't.

2. Is she a figure skater? ☐ Yes, she is. ☐ No, she isn't.

3. Are you in Paris? ☐ Yes, I am. ☐ No, I'm not.

4. Are these apples? ☐ Yes, they are. ☐ No, they aren't.

5. Are the boys in the playground? ☐ Yes, they are. ☐ No, they aren't.

C 우리말과 같은 뜻을 나타내는 영어 문장을 골라 √ 표시 하세요.

1. 이것이 너의 모자니? ☐ Am this your hat? ☐ Is this your hat?

2. 너의 크레용은 가방에 있니? ☐ Are your crayons in your bag?
   ☐ Is your crayons in your bag?

3. 존 씨는 컴퓨터 엔지니어니? ☐ Are Mr. John a computer engineer?
   ☐ Is Mr. John a computer engineer?

notebook 공책 classroom 교실 figure skater 피겨 스케이터 Paris 파리(프랑스의 수도)
engineer 기사, 수리공, 엔지니어

A 그림을 보고 질문과 대답을 완성하세요.

1.

A: _____ you happy?

B: Yes, _____ _____.

2.

A: _____ it cold?

B: No, _____ _____.

3.

A: _____ the cats in the box?

B: Yes, _____ _____.

4.

A: _____ David fat?

B: No, _____ _____.

5.

A: _____ they white?

B: No, _____ _____.

6.

A: _____ this a frog?

B: Yes, _____ _____.

B 각 문장을 의문문으로 바꿀 때 빈칸에 알맞은 단어를 쓰세요.

1. **You are in the bathroom.** 너는 욕실에 있다.

→ _____ _____ in the bathroom?

2. **It is his violin.** 그것은 그의 바이올린이다.

→ _____ _____ his violin?

3. **They are classmates.** 그들은 같은 반 친구다.

→ _____ _____ classmates?

4. **Sojin and Yuri are sisters.** 소진과 유리는 자매다.

→ _____ _____ sisters?

5. **His sister is brave.** 그의 여동생은 용감하다.

→ _____ _____ brave?

C 질문에 대한 대답을 완성하세요.

1. A: Are you thirsty? 목마르니?

   B: No, _____.

2. A: Is Emily American? 에밀리는 미국인이니?

   B: No, _____.

3. A: Is your father a pilot? 네 아버지는 비행기 조종사시니?

   B: Yes, _____.

4. A: Are these your books? 이것들은 네 책이니?

   B: Yes, _____.

5. A: Are the cows in the field? 소들이 들판에 있나요?

   B: No, _____.

D 우리말 뜻을 참고하여 틀린 부분을 찾아 바르게 고치세요.

1. Are this your desk? 이게 네 책상이니?

   [   ] → [   ]

2. Is your parents at home? 네 부모님은 집에 계시니?

   [   ] → [   ]

3. Is you Jimin's sister? 네가 지민이 여동생이니?

   [   ] → [   ]

4. A: Is the red bag yours? 그 빨간 가방이 네 거야? ----- B: No, this isn't. 아니야.

   [   ] → [   ]

5. A: Are these sunflowers? 이것들은 해바라기예요? ----- B: Yes, those are. 네, 맞아요.

   [   ] → [   ]

A 각 문장을 의문문으로 바꿔 쓰세요.

1. His shoes are dirty. 그의 신발은 더럽다.

의문문 _____

2. She is in the living room. 그녀는 거실에 있다.

의문문 _____

3. Tommy is really angry now. 토미는 지금 정말 화가 났다.

의문문 _____

4. We are at the beach. 우리는 해변에 있다.

✿TIP We는 you로 바꿔 쓰세요.

의문문 _____

5. His grandfather is in the hospital. 그의 할아버지는 병원에 계신다.

의문문 _____

B 주어진 단어들을 바르게 배열하여 우리말과 같은 뜻이 되도록 문장을 완성하세요.

1. 너 지금 졸리니? (now / are / sleepy / you / ?)

→ _____

2. 그 사람은 친절한가요? (kind / is / the man / ?)

→ _____

3. 이게 네 침실이니? (is / bedroom / this / your / ?)

→ _____

4. 달걀이 냉장고에 있어요? (the fridge / are / the eggs / in / ?)

→ _____

5. 학생들이 체육관에 있나요? (the students / at / are / the gym / ?)

→ _____

🔍 dirty 더러운 living room 거실 angry 화가 난 beach 해변, 바닷가 kind 친절한 fridge 냉장고 gym 체육관

C 여러 나라의 아이들을 보고 빈칸에 알맞은 be동사를 넣어 질문과 대답을 완성하세요.

Emma
Age : 11
Country : England

Oscar
Age : 12
Country : Germany

Mina
Age : 12
Country : Korea

Amy
Age : 11
Country : U.S.

_____ Emma 11 years old? ----- Yes, she _____.

_____ Mina from Canada? ----- No, she _____. She _____ from Korea.

_____ Oscar and Mina 12 years old? ----- Yes, they _____.

_____ Emma and Amy from China? ----- No, they _____.

_____ Oscar from France? ----- No, he _____ from Germany.

D 알맞은 대명사와 be동사를 사용하여 빨간 모자 소녀와 늑대의 대화를 완성하세요.

A : Grandma, _____ these feet yours?
B : Yes, _____ _____.

A : Grandma, _____ these hands yours?
B : Yes, _____ _____.

A : Grandma, _____ you sick?
B : Yes, _____ _____.

A : _____ you my grandma?
B : I _____ _____ your grandma. I'm a wolf!

▶ 동영상 강의를 보면서 학습하세요.

① There is / There are

There is ~, There are ~는 '~가 있다'라는 뜻이에요.
There is 뒤에는 단수 명사를 쓰고, There are 뒤에는 복수 명사를 써요. 여기서 There는 해석하지 않아요.
'~가 없다'라는 뜻의 부정문은 is와 are 뒤에 not을 써서 만들어요.

There is + 단수 명사

There are + 복수 명사

There is a pencil.
연필이 한 자루 있다.

There is not a pencil.
연필 한 자루가 없다.

There is some water in the glass.
유리잔에 물이 조금 있다.

There is not any water in the glass.
유리잔에 물이 없다.

There are pencils.
연필들이 있다.

There are not any pencils.
연필이 없다.

> 부정문에서 셀 수 없는 명사와 복수 명사 앞에는 any를 써요.
> There is/are **not any**는 There is/are **no**로 바꿔 쓸 수 있어요.
>
> **There is not any** water in the glass.
> = **There is no** water in the glass.
> **There are not any** pencils.
> = **There are no** pencils.

② There is / There are 의문문

'~가 있나요?'라는 뜻의 의문문은 There와 be동사의 순서를 바꿔서 만들어요. Is나 Are를 문장 앞으로 보내고 문장 끝에 물음표를 써요. 대답은 아래 표와 같이 해요.

질문	대답	
~가 있나요?	네, 있어요.	아니요, 없어요.
Is there 단수 명사 ~?	Yes, there is.	No, there isn't.
Are there 복수 명사 ~?	Yes, there are.	No, there aren't.

A : **Is there a hamburger?** 햄버거가 있나요?
B : **Yes, there is.** 네, 있어요.

A : **Is there an apple?** 사과가 있나요?
B : **No, there isn't.** 아니요, 없어요.

A : **Are there oranges?** 오렌지들이 있나요?
B : **Yes, there are.** 네, 있어요.

A : **Are there cookies?** 과자가 있나요?
B : **No, there aren't.** 아니요, 없어요.

A 괄호 안에서 알맞은 것을 고르세요.

1. There (is / are) a bed.
   침대가 하나 있다.

2. There (is / are) monkeys.
   원숭이들이 있다.

3. There (is / are) a bakery.
   빵집이 있다.

4. There are (a basket / baskets).
   바구니들이 있다.

5. There is (a girl / girls).
   여자아이가 한 명 있다.

6. There are (a balloon / balloons).
   풍선들이 있다.

B 그림을 보고 괄호 안에서 알맞은 것을 고르세요.

1. There (is / is not) a bee in the sky.

2. There (are / are not) tomatoes.

3. There (is / is not) a cookie on the plate.

4. There (is / is not) orange juice in the bottle.

5. There (is / is not) a cup on the table.

C 우리말과 같은 뜻을 나타내는 영어 문장을 골라 √ 표시 하세요.

1. 교실에 남자아이들이 있나요?
   ☐ There are boys in the classroom?
   ☐ Are there boys in the classroom?

2. 지우개가 있나요? - 네, 있어요.
   ☐ Is there an eraser? - Yes, there is.
   ☐ Is there an eraser? - Yes, there are.

3. 쥐들이 있나요? - 아뇨, 없어요.
   ☐ Are there mice? - No, there are.
   ☐ Are there mice? - No, there aren't.

bakery 빵집 basket 바구니 bee 벌 plate 접시

A 그림을 보고 빈칸에 be동사의 알맞은 형태를 써서 문장을 완성하세요.

❶ 　❷ 　❸ 　❹ 　❺

1. There _____ a cat on the bed.

2. There _____ trees in the yard.

3. There _____ milk in the glass.

4. There _____ peaches in the basket.

5. There _____ a flower in the vase.

B 우리말 뜻에 맞도록 괄호 안에서 알맞은 표현을 골라 문장을 완성하세요.

1. (There is a knife / There isn't a knife) in the box.

   상자에 칼이 하나 있다.

2. (There aren't any ducks / There is a duck) in the pond.

   연못에 오리가 한 마리 있다.

3. (There is a piano / There isn't a piano) in the room.

   방에 피아노가 없다.

4. (There are no books / There are books) on the desk.

   책상 위에 책들이 없다.

5. (Are there socks / Is there socks) in the drawer?

   서랍에 양말들이 있나요?

6. (There aren't many / Are there many) people in the theater.

   극장에 사람들이 많지 않다.

C 우리말 뜻에 맞도록 틀린 부분을 찾아 바르게 고치세요.

1. There are a police station. 경찰서가 있다.

[   ] → [   ]

2. There is many books. 책이 많이 있다.

[   ] → [   ]

3. There are any mountains in this city. 이 도시에는 산이 없다.

[   ] → [   ]

4. Is there pencils in the pencil case? 필통에 연필들이 있나요?

[   ] → [   ]

5. Are there hot water in the mug? 머그잔에 뜨거운 물이 있나요?

[   ] → [   ]

D 질문에 대한 대답을 완성하세요.

1. A: Is there a red flower? 빨간 꽃이 있나요?

   B: Yes, _____ _____.

2. A: Are there young people? 젊은 사람들이 있나요?

   B: Yes, _____ _____.

3. A: Is there a computer in your room? 네 방에 컴퓨터가 있니?

   B: No, _____ _____.

4. A: Are there zebras in the jungle? 정글에 얼룩말들이 있나요?

   B: No, _____ _____.

5. A: Is there a bridge over the river? 그 강에 다리가 있나요?

   B: No, _____ _____.

police station 경찰서 mountain 산 pencil case 필통 young 어린, 젊은 jungle 밀림, 정글
bridge 다리 over ~ 위에 river 강

A 각 문장을 지시대로 바꿔 쓰세요.

1. **There is a bench in the park.** 공원에 벤치가 하나 있다.

   [부정문] _____

2. **There is milk in the refrigerator.** 냉장고에 우유가 있다.

   [부정문] _____

3. **There are novels on the bookshelf.** 책꽂이에 소설책들이 있다.

   [부정문] _____

4. **There is a flower shop nearby.** 근처에 꽃집이 있다.

   [의문문] _____

5. **There are many people in the market.** 시장에 사람들이 많이 있다.

   [의문문] _____

B 주어진 단어들을 바르게 배열하여 우리말과 같은 뜻이 되도록 문장을 완성하세요.

1. 그 병에 소금이 있다. (is / salt / in the bottle / there / .)

   → _____

2. 식당에 사람들이 많이 있다. (many people / are / in the restaurant / there / .)

   → _____

3. 교실에 선생님이 없다. (in the classroom / there / a teacher / isn't / .)

   → _____

4. 책상 위에 책들이 있나요? (books / there / are / on the desk / ?)

   → _____

5. 당신 도시에 박물관이 있나요? (there / in your town / a museum / is / ?)

   → _____

🔍 refrigerator 냉장고 bookshelf 책꽂이 flower shop 꽃집 nearby 근처에 market 시장 town 읍, (소)도시

C 도시와 시골의 그림을 보고 빈칸에 'there+is/are' 표현을 넣어 이야기를 완성하세요.

City

_____ _____ tall buildings.

_____ _____ a tower.

_____ _____ cars on the road.

_____ _____ many people.

Countryside

_____ _____ _____ any tall buildings.

_____ _____ _____ many cars.

_____ _____ many trees.

_____ _____ _____ many people.

D 학생의 방을 보고 빈칸에 'there+is/are' 표현을 넣어 대화를 완성하세요.

A : _____ _____ a window in the room?

B : Yes, _____ _____ .

A : _____ _____ a bed in the room?

B : No, _____ _____ .

A : _____ _____ books in the room?

B : Yes. _____ _____ many books in the room.

A : _____ _____ a picture on the wall?

B : Yes, _____ _____ .

🔍 countryside 시골 window 창문 picture 그림 wall 벽

1-2 다음 중 빈칸에 들어갈 수 <u>없는</u> 것을 고르세요.

1

_____ is an elementary school student.

① She
② The boy
③ The girls
④ He
⑤ Michael

2

_____ are in the yard.

① We
② The children
③ They
④ Anna and Bella
⑤ The dog

3-4 빈칸에 들어갈 말로 바르게 짝지어진 것을 고르세요.

3

• There _____ a red rose.
• _____ there tall buildings?

① be - Be
② is - Is
③ is - Are
④ are - Are
⑤ isn't - Isn't

4

• _____ they teachers?
• It _____ not a rabbit.

① Is - is
② Are - is
③ Is - are
④ Are - does
⑤ Do - are

5 빈칸에 들어갈 be동사가 나머지와 <u>다른</u> 하나를 고르세요.

① We _____ in the classroom.
② They _____ not children.
③ The boy _____ my brother.
④ There _____ many mountains in Korea.
⑤ Emma and Mark _____ students.

6 빈칸에 공통으로 들어갈 단어를 고르세요.

• The sheep _____ thirsty.
• _____ you a farmer?
• There _____ cars in the garage.

① am(Am)
② are(Are)
③ is(Is)
④ isn't(Isn't)
⑤ am not(Am not)

7-8 질문에 대한 대답으로 알맞은 것을 고르세요.

7

Are you a student?

① Yes, you are. ② No, you are.
③ Yes, I am. ④ Yes, I do.
⑤ No, you don't.

8

Is there a bank nearby?

① Yes, it is. ② No, it isn't.
③ No, it is. ④ Yes, there is.
⑤ No, there is.

＊ bank 은행

9-10 우리말을 영어로 바르게 옮긴 것을 고르세요.

9

그녀가 네 여동생이니?

① Are you a sister?
② Is she your sister?
③ Are you her sister?
④ Is your sister her?
⑤ Am she your sister?

10

아프리카에 사자들이 있다.

① Lions in Africa.
② Are there lions in Africa?
③ There is lions in Africa.
④ There are lions in Africa.
⑤ They are lions in Africa.

＊ Africa 아프리카

11 다음 문장에서 not이 들어갈 위치를 고르세요.

The ① man ② is ③ in ④ the ⑤ kitchen.

12-13 주어진 문장을 지시대로 바르게 바꾼 것을 고르세요.

12

They are from Italy. 의문문

① Is they from Italy?
② Are you from Italy?
③ Am they from Italy?
④ Is you from Italy?
⑤ Are they from Italy?

＊ Italy 이탈리아

13

> There are cups on the table.
> 부정문

① There is not cups on the table.
② Are there cups on the table?
③ There are no cups on the table.
④ There are any cups on the table.
⑤ There aren't not cups on the table.

14 다음 중 어색한 대화를 고르세요.

① A: Are you tired?
   B: No, I'm not.
② A: Is she your friend?
   B: Yes, she is.
③ A: Are there birds in the sky?
   B: No, there aren't.
④ A: Am I short?
   B: No, I'm not.
⑤ A: Are they soccer players?
   B: Yes, they are.

* tired 피곤한

15 대답을 보고 질문으로 알맞은 것을 고르세요.

> A: _____
> B: No, I am not hungry now.

① Is he hungry now?
② Are you hungry now?
③ Am I hungry now?
④ Am you hungry now?
⑤ Are they hungry now?

16 다음 중 틀린 문장을 고르세요.

① I amn't thirsty.
② He isn't late.
③ We aren't from America.
④ They're not baseball players.
⑤ There isn't a desk in the room.

17 빈칸에 들어갈 수 없는 것을 고르세요.

> There is _____ .

① an egg   ② sugar
③ a student   ④ trees
⑤ a ring

* ring 반지

18 다음 문장을 바르게 고치는 방법으로 알맞은 것을 고르세요.

> There is three children in the room.

① There를 That으로 고친다.
② children을 child로 고친다.
③ There를 They로 고친다.
④ is를 are로 고친다.
⑤ three를 a로 고친다.

19 빈칸에 공통으로 들어갈 말을 쓰세요.

> • There _____ any people on the street.
> • A: Are they cows?
>   B: No, they _____.

* **street** 거리

20-21 질문에 대한 대답을 완성하세요.

20
> A: Is Mr. Anderson American?
> B: Yes, _____ _____.

21
> A: Are there dogs in the park?
> B: No, _____ _____.

22-23 동사 부분을 바르게 고쳐 문장을 다시 쓰세요.

22
> Are the boy Phil's brother?
> → _____

23
> There isn't any museums in the town.
> → _____
> _____

24-25 주어진 단어들을 사용하여 우리말과 같은 뜻이 되도록 영어 문장을 쓰세요.

24
> 그들이 네 친구들이니?
> (they, your friends)
> → _____

25
> 책상 위에 책이 두 권 있다.
> (two books, on the desk)
> → _____
> _____

Word List   Chapter 3

앞에서 배운 단어를 한 번 더 확인하고 어렵거나 모르는 단어는 다시 공부하세요.

☐ again	또, 다시		☐ angry	화가 난
☐ bakery	빵집		☐ basket	바구니
☐ bathroom	욕실		☐ beach	해변, 바닷가
☐ brave	용감한		☐ bridge	다리
☐ classroom	교실		☐ countryside	시골
☐ cousin	사촌		☐ dirty	더러운
☐ engineer	기사, 수리공, 엔지니어		☐ famous	유명한
☐ field	들판		☐ frog	개구리
☐ hungry	배고픈		☐ interesting	재미있는
☐ kitchen	주방, 부엌		☐ late	늦은
☐ library	도서관		☐ living room	거실
☐ market	시장		☐ mountain	산
☐ picture	그림		☐ restaurant	식당
☐ river	강		☐ short	키가 작은, 짧은
☐ sleepy	졸린		☐ socks	양말
☐ soft	부드러운		☐ theater	극장
☐ town	읍, (소)도시		☐ wall	벽
☐ window	창문		☐ wrong	틀린, 잘못된

CHAPTER 4

일반동사의 현재형

동영상 강의

일반동사는 '걷다', '먹다', '공부하다' 같은 행동이나 '좋아하다', '원하다' 같은 상태를 나타내는 말이에요.
현재의 습관적 행동이나 현재의 사실/상태를 나타내는 일반동사의 현재형에 대해 배워요.

UNIT 1 일반동사의 긍정문

▶ 동영상 강의를 보면서 학습하세요.

① 일반동사

동사는 크게 be동사와 일반동사로 나눌 수 있어요.
일반동사는 '걷다', '먹다' 같은 행동이나 '좋아하다', '원하다'
같은 상태를 나타내는 말이에요.

be동사

am, are, is ~이다, (~에) 있다, (상태가) ~하다

일반동사

do (하다) go (가다) eat (먹다) have (가지고 있다)
sleep (자다) study (공부하다) run (달리다)
make (만들다) love (사랑하다) want (원하다)

② 일반동사의 현재형

일반동사의 현재형은 현재의 사실이나 현재 습관적으로 하는 행동을 나타내요. 대부분 동사의 원형, 즉 동사의 원래 형태를 써요.
단, 주어가 3인칭 단수일 때는 형태가 조금 바뀌어요.

I **have** a blue pen. 나는 파란색 펜이 있다. (현재의 사실)
We **like** cats. 우리는 고양이를 좋아한다. (현재의 사실)
They **play** soccer after school.
그들은 학교가 끝난 다음 축구를 한다. (습관적으로 하는 행동)

③ 주어가 3인칭 단수일 때

주어가 3인칭 단수(he, she, it, this, that, 단수 명사)일 때는 일반동사 끝에 -s나 -es가 붙어요. 하지만 조금 다르게 변화하는 동사도 있어요. 아래 표를 통해 자세히 알아봐요.

대부분의 동사	+ -s	eat (먹다) → eats work (일하다) → works like (좋아하다) → likes
-ch, -sh, -s로 끝나는 동사	+ -es	watch (보다, 지켜보다) → watches wash (씻다) → washes teach (가르치다) → teaches pass (통과하다) → passes
<자음+-y>로 끝나는 동사	-y → -ies	cry (울다) → cries fly (날다) → flies study (공부하다) → studies
예외		do (하다) → does go (가다) → goes have (가지고 있다) → has

Anne **likes** apple juice. 앤은 사과 주스를 좋아한다.
He **washes** dishes after dinner. 그는 저녁을 먹고 나서 설거지를 한다.
Jimin **studies** science. 지민이는 과학을 공부한다.
She **does** her homework. 그녀는 숙제를 한다.
Paul **goes** to elementary school. 폴은 초등학교에 다닌다.

A 각 문장에서 일반동사를 찾고 동사의 우리말 뜻을 쓰세요.

1. I go to school by bus. 일반동사 : _____ (뜻 : _____)

2. The babies sleep in the room. 일반동사 : _____ (뜻 : _____)

3. They work at a bank. 일반동사 : _____ (뜻 : _____)

4. We learn history at school. 일반동사 : _____ (뜻 : _____)

5. I like chocolate very much. 일반동사 : _____ (뜻 : _____)

B 그림을 보고 괄호 안에서 알맞은 것을 고르세요.

①  ②  ③  ④

1. I (have / has) a teddy bear.

2. The girl (watch / watches) TV after dinner.

3. My sister (cry / cries) every day.

4. They (play / plays) badminton on weekends.

C 각 동사의 3인칭 단수형으로 알맞은 것을 고르세요.

1. do → (dos / does) 2. fly → (flys / flies)

3. walk → (walks / walkes) 4. have → (haves / has)

5. teach → (teachs / teaches) 6. go → (gos / goes)

7. study → (studys / studies) 8. come → (comes / comees)

🔍 by bus 버스로 after ~ 후에 dinner 저녁 식사 badminton 배드민턴 walk 걷다

A 그림을 참고하여 우리말과 같은 뜻이 되도록 괄호 안에서 알맞은 것을 고르세요.

1. 나는 초등학교에 다닌다.
   → (I go / I goes) to elementary school.

2. 너는 아이스크림을 좋아한다.
   → (You like / You likes) ice cream.

3. 그는 매일 아침 우유를 마신다.
   → (He drink / He drinks) milk every morning.

4. 우리는 12시에 점심을 먹는다.
   → (We eat / We eats) lunch at noon.

5. 그들은 도서관에서 책을 읽는다.
   → (They read / They reads) books in the library.

B 주어진 동사의 알맞은 형태를 빈칸에 넣어 문장을 완성하세요.

1. My grandfather _____ in the country. (live)
   우리 할아버지는 시골에 사신다.

2. The restaurant _____ at 11 a.m. (open)
   그 식당은 오전 11시에 문을 연다.

3. Kay _____ YouTube every day. (watch)
   케이는 매일 유튜브를 본다.

4. The baby _____ every night. (cry)
   그 아기는 매일 밤 운다.

5. My mother _____ swimming every morning. (go)
   우리 엄마는 매일 아침 수영을 가신다.

C 동사를 보고 괄호 안에서 알맞은 주어를 고르세요.

1. (You / He) comes home at 4.

2. (She / They) get up early in the morning.

3. (We / The boy) often plays mobile games.

4. (The house / Houses) has a big window.

5. (The student / The students) study history hard.

6. (The player / The players) catches a ball so well.

7. (My mother / My friends) hate vegetables.

D 그림을 보고 보기의 동사를 알맞은 형태로 빈칸에 넣어 문장을 완성하세요.

| 보기 | fly | do | cook | walk | teach | like |

1.

She ＿＿＿＿＿ to work every morning.

2.

I ＿＿＿＿＿ dinner every day.

3.

She ＿＿＿＿＿ math.

4.

The bird ＿＿＿＿＿ high.

5.

Brian ＿＿＿＿＿ his homework before dinner.

6.

We ＿＿＿＿＿ spaghetti so much.

get up 일어나다 early 일찍 mobile game 모바일 게임 (mobile 이동식의) hard 열심히 catch 잡다
well 잘 hate 싫어하다 high 높이; 높은 homework 숙제 before ~ 전에 spaghetti 스파게티

A 우리말 뜻을 참고하여 틀린 부분을 바르게 고쳐 문장을 다시 쓰세요.

1. I gets up at 7. 나는 7시에 일어난다.
   →_____

2. Diana love her parents. 다이애나는 자기 부모님을 사랑한다.
   →_____

3. He washs his hands before lunch. 그는 점심 식사 전에 손을 씻는다.
   →_____

4. My dad work for a newspaper company. 우리 아빠는 신문사에서 일하신다.
   →_____

5. Mina and Jisu goes camping every weekend. 미나와 지수는 주말마다 캠핑을 간다.
   →_____

B 주어진 단어들을 바르게 배열하여 우리말과 같은 뜻이 되도록 문장을 완성하세요.

1. 나는 자전거로 학교에 간다. (I / by bicycle / to school / go / .)
   →_____

2. 케빈은 푸른 눈을 가지고 있다. (has / Kevin / blue eyes / .)
   →_____

3. 그녀는 자기 전에 이를 닦는다. (her teeth / she / brushes / before bed / .)
   →_____

4. 그 고양이는 하루에 18시간을 잔다. (the cat / 18 hours a day / sleeps / .)
   →_____

5. 그 아이들은 수업이 끝나고 야구를 한다. (after school / the children / play baseball / .)
   →_____

newspaper 신문 company 회사 before bed 자기 전에 brush one's teeth 이를 닦다

C 제이크의 일과표를 보고 보기의 표현들을 빈칸에 넣어 문장을 완성하세요. (필요한 경우 동사의 형태를 바꾸세요.)

Jake's DAILY SCHEDULE

보기

play soccer

get up

watch TV

have breakfast

read a book

draw a picture

Jake _____ at 7 a.m. He _____ at 8 a.m.

He _____ at 9 a.m. He _____ at 4 p.m.

He _____ at 6 p.m. He _____ at 9 p.m.

D 엘라의 주중 일정을 보고 빈칸을 채워 문장을 완성하세요. (필요한 경우 동사의 형태를 바꾸세요.)

| Mon. go to the library | Tue. study math | Wed. have a piano lesson |
| Thu. learn to swim | Fri. go to the movies | |

On Mondays, Ella _____.

On Tuesdays, she _____.

On Wednesdays, she _____ piano lessons.

On Thursdays, she _____.

On Fridays, she _____.

 **UNIT 2 일반동사의 부정문**

 ▶ 동영상 강의를 보면서 학습하세요.

일반동사의 부정문

'~하지 않는다'라는 뜻인 일반동사의 부정문은 일반동사 앞에 do not이나 does not을 써서 만들어요.
주어가 she, he, it, this, that, 단수 명사 등 3인칭 단수일 때는 does not을 쓰고, 그 외의 경우에는 do not을 써요.

I, You, We, They	**do not** + 동사원형 (don't)
He, She, It	**does not** + 동사원형 (doesn't)

긍정문

I like summer.

She likes winter.

⟶

부정문

I **don't like** summer.

She **doesn't like** winter.

↖ don't/doesn't 뒤에는 항상 동사원형을 써요.
주어가 3인칭 단수여도 동사 끝에 –s나 –es를 붙이지 않아요.

◉ 주어가 I / You / We / They / 복수 명사일 때 : do not(don't) + 동사원형

I **don't have** a brother. 나는 남자 형제가 없다.

You **don't eat** breakfast. 너는 아침을 먹지 않는다.

We **don't live** in a city. 우리는 도시에 살지 않는다.

They **don't speak** English. 그들은 영어를 쓰지 않는다.

My parents **don't like** cheese. 나의 부모님은 치즈를 좋아하지 않으신다.

◉ 주어가 He / She / It / 단수 명사일 때 : does not(doesn't) + 동사원형

He **doesn't drink** milk. 그는 우유를 마시지 않는다.

She **doesn't get** up early. 그녀는 일찍 일어나지 않는다.

It **doesn't have** a tail. 그것은 꼬리가 없다.

My mother **doesn't watch** TV. 우리 엄마는 TV를 보지 않으신다.

A 괄호 안에서 알맞은 것을 고르세요.

1. I don't (have / has) a dog. 나는 개가 없다.

2. She doesn't (swim / swims) in the sea. 그녀는 바다에서 수영하지 않는다.

3. We don't (live / lives) in the country. 우리는 시골에 살지 않는다.

4. He doesn't (misses / miss) her. 그는 그녀를 그리워하지 않는다.

B 그림을 보고 괄호 안에서 알맞은 것을 고르세요.

1.

She (drinks / doesn't drink) milk.

2.

They (go / don't go) by bus.

3.

We (watch / don't watch) TV.

4.

He (wears / doesn't wear) glasses.

C 우리말과 같은 뜻을 나타내는 영어 문장을 골라 √ 표시 하세요.

1. 나는 빵을 좋아하지 않는다.
- ☐ I don't like bread.
- ☐ I doesn't like bread.

2. 그는 운전을 하지 않는다.
- ☐ He don't drive a car.
- ☐ He doesn't drive a car.

3. 그녀는 정답을 모른다.
- ☐ She don't know the answer.
- ☐ She doesn't know the answer.

🔍 sea 바다   drive 운전하다   answer 정답, 대답

A 괄호 안의 두 표현 중 알맞은 것을 고르세요.

1. I (like not / don't like) hiking. 나는 등산을 좋아하지 않는다.

2. She (doesn't have / don't has) a brother. 그녀는 남자 형제가 없다.

3. The boy (doesn't eats / doesn't eat) vegetables. 그 남자아이는 채소를 먹지 않는다.

4. Trains (doesn't stop / don't stop) at this station. 이 역에는 기차가 서지 않는다.

5. Her daughter (doesn't read / reads not) books. 그녀의 딸은 책을 읽지 않는다.

B 그림을 보고 주어진 동사의 긍정형이나 부정형을 빈칸에 넣어 문장을 완성하세요.

1.

like

I _____ oranges.
I _____ _____ bananas.

2.

have

She _____ a cat.
She _____ have a dog.

3.

study

He _____ math.
He _____ _____ English.

4.

do

I _____ the dishes.
I _____ _____ the laundry.

5.

sell

They _____ fish.
They _____ _____ fruit.

6.

fly

A bird _____ in the sky.
A penguin _____ _____ .

🔍 hiking 등산   stop 멈추다, 서다   station 역   do the dishes 설거지하다   do the laundry 빨래를 하다

C 빈칸에 알맞은 말을 써서 주어진 문장을 부정문으로 바꾸세요.

1. **They have a car.** 그들은 자동차가 있다.

   → They _____ _____ a car.

2. **My mom remembers his name.** 우리 엄마는 그의 이름을 기억하신다.

   → My mom _____ _____ his name.

3. **The child has his own bedroom.** 그 아이는 자기 침실이 있다.

   → The child _____ _____ his own bedroom.

4. **My uncles play mobile games.** 우리 삼촌들은 모바일 게임을 하신다.

   → My uncles _____ _____ mobile games.

5. **It snows in December.** 12월에는 눈이 온다.

   → It _____ _____ in December.

D 우리말 뜻을 참고하여 틀린 부분을 바르게 고치세요.

1. **I do not has long hair.** 나는 머리가 길지 않다.

   [_____] → [_____]

2. **My dog don't eat apples.** 나의 개는 사과를 먹지 않는다.

   [_____] → [_____]

3. **The children doesn't like tomatoes.** 그 아이들은 토마토를 좋아하지 않는다.

   [_____] → [_____]

4. **The boy do not tell the truth.** 그 남자아이는 진실을 말하지 않는다.

   [_____] → [_____]

5. **Tom and Jerry doesn't live in London.** 톰과 제리는 런던에 살지 않는다.

   [_____] → [_____]

own 자신의   snow 눈이 오다; 눈   tell 말하다   truth 사실, 진실

A 각 문장을 부정문으로 바꿔 쓰세요.

1. I want a new T-shirt. 나는 새 티셔츠를 원한다. (= 나는 새 티셔츠를 갖고 싶다.)

부정문 _____

2. My sister climbs a mountain. 나의 언니는 산을 오른다.

부정문 _____

3. It rains a lot. 비가 많이 온다.

부정문 _____

4. They watch movies on Sunday. 그들은 일요일에 영화를 본다.

부정문 _____

5. He lives near here. 그는 이 근처에 산다.

부정문 _____

B 주어진 단어들을 바르게 배열하여 우리말과 같은 뜻이 되도록 문장을 완성하세요.

1. 나는 닭고기를 좋아하지 않는다. (like / I / chicken / don't / .)

→ _____

2. 거북이는 달리지 않는다. (doesn't / run / a turtle / .)

→ _____

3. 에밀리는 피아노를 치지 않는다. (doesn't / Emily / the piano / play / .)

→ _____

4. 너는 학교에 늦게 오지 않는다. (come to school / you / late / don't / .)

→ _____

5. 우리 엄마는 찬물을 마시지 않으신다. (cold water / drink / doesn't / my mom / .)

→ _____

🔍 climb 오르다 rain 비가 오다; 비 a lot 많이 chicken 닭고기 late 늦게

C 강아지 미미의 그림을 보고 주어진 동사들을 활용하여 긍정문이나 부정문을 완성하세요.

My Friend Mimi

like

My dog Mimi ＿＿＿＿＿ winter.

Mimi ＿＿＿＿＿＿＿＿ ＿＿＿＿＿ summer.

eat

Mimi ＿＿＿＿＿ ice cream.

Mimi ＿＿＿＿＿＿＿＿ ＿＿＿＿＿ cake.

take

Mimi ＿＿＿＿＿ a walk on sunny days.

Mimi ＿＿＿＿＿＿＿＿ ＿＿＿＿＿ a walk on rainy days.

D 주말에 하는 운동을 나타낸 표를 보고 주어진 표현들을 사용하여 문장을 완성하세요.

	play soccer ⚽	swim in the pool	ride a bike 🚲
John	○	×	×
Chris	×	×	○
Katie & Grace	×	○	×

On weekends, John ＿＿＿＿＿ soccer, but Chris ＿＿＿＿＿＿＿＿＿

soccer. Chris ＿＿＿＿＿ a bike on weekends, but John ＿＿＿＿＿＿＿＿＿＿

a bike. Katie and Grace ＿＿＿＿＿ in the pool on weekends, but John

＿＿＿＿＿＿＿ ＿＿＿＿＿ in the pool. Chris ＿＿＿＿＿＿＿ ＿＿＿＿＿ in

the pool, either. Katie and Grace ＿＿＿＿＿＿＿＿＿ ＿＿＿＿＿ soccer on

weekends. They ＿＿＿＿＿＿＿ ＿＿＿＿＿ a bike on weekends, either.

⊕ take a walk 산책하다 pool 수영장 ride a bike 자전거를 타다 either ~도 역시 아니다

UNIT 3 일반동사의 의문문

▶ 동영상 강의를 보면서 학습하세요.

1 일반동사의 의문문

'~하나요?'라는 뜻의 일반동사의 의문문은 Do나 Does를 주어 앞에 쓰고 주어 뒤에 동사원형을 써서 만들어요. 주어가 3인칭 단수(he, she, it, this, that, 단수 명사 등)일 때 Does를 써요.

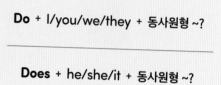

Do + I/you/we/they + 동사원형 ~?

Does + he/she/it + 동사원형 ~?

You like sports. 너는 스포츠를 좋아한다.

→ **Do you like sports?** 너는 스포츠를 좋아하니?

She knows your name. 그녀는 네 이름을 안다.

→ **Does she know your name?** 그녀는 네 이름을 아니?

일반동사의 의문문에서
주어 뒤에는 항상 동사원형을 써요.
주어가 3인칭 단수여도!

2 일반동사 의문문에 대한 대답

일반동사 의문문에 대답할 때는 Yes 또는 No를 사용해요. '네.'라는 긍정의 대답은 ⟨Yes, 주어+do/does.⟩로, '아니요.'라는 부정의 대답은 ⟨No, 주어+don't/doesn't.⟩로 해요.

Do you learn history? ------ **Yes, we do.** 응, 배워.
너희는 역사를 배우니?   **No, we don't.** 아니, 안 배워.

Does David eat tomatoes? ------ **Yes, he does.** 응, 먹어.
데이비드는 토마토를 먹니?   **No, he doesn't.** 아니, 안 먹어.

질문			긍정 대답	부정 대답
Do	I you(단수) we you(복수) they	동사원형 ~?	Yes, you do. Yes, I do. Yes, you[we] do. Yes, we do. Yes, they do.	No, you don't. No, I don't. No, you[we] don't. No, we don't. No, they don't.
Does	he she it/this/that	동사원형 ~?	Yes, he does. Yes, she does. Yes, it does.	No, he doesn't. No, she doesn't. No, it doesn't.

A 괄호 안에서 알맞은 것을 고르세요.

1. (Are / Do) you like music?
   너 음악 좋아하니?

2. (Is / Does) she need more time?
   그녀는 시간이 더 필요한가요?

3. (Are / Do) they play soccer?
   그들은 축구를 하나요?

4. (Do / Does) he have a ball?
   그는 공이 있나요?

5. (Do / Does) Noa play the violin?
   노아는 바이올린을 연주하나요?

6. (Do / Does) they go to church?
   그들은 교회에 다니나요?

B 그림을 보고 알맞은 대답을 골라 √ 표시 하세요.

1. Do you study English?   Yes, I do.   No, I don't.

2. Does she eat bananas?   Yes, she does.   No, she doesn't.

3. Does he have a bag?   Yes, he does.   No, he doesn't.

4. Do they play tennis?   Yes, they do.   No, they don't.

C 우리말과 같은 뜻을 나타내는 영어 문장을 골라 √ 표시 하세요.

1. 소피는 영화를 좋아하니?
   Do Sophie like movies?
   Does Sophie like movies?

2. 그 남자아이들은 야구를 하니?
   Do the boys play baseball?
   Does the boys play baseball?

3. 너 여기 사니? – 응, 살아.
   Do you live here? – Yes, I am.
   Do you live here? – Yes, I do.

4. 그는 너를 아니? – 아니, 몰라.
   Does he know you? – No, he isn't.
   Does he know you? – No, he doesn't.

🔍⊕ play tennis 테니스를 치다

A 괄호 안의 두 단어 중 알맞은 것을 골라 빈칸에 써서 문장을 완성하세요.

1. _____ you remember his name? (Are / Do)
그 사람 이름 기억나니?

2. _____ your mom like flowers? (Do / Does)
네 엄마는 꽃을 좋아하시니?

3. Does the girl _____ books? (read / reads)
그 여자아이는 책을 읽나요?

4. Does Emily _____ a yellow T-shirt? (have / has)
에밀리는 노란색 티셔츠가 있니?

5. _____ your brothers learn Taekwondo? (Do / Does)
네 남자형제들은 태권도를 배우니?

B 그림을 참고하여 질문과 대답을 완성하세요.

1.

A: _____ you ride a bike on weekends?

B: Yes, I _____ .

2.

A: _____ she wash the dishes after dinner?

B: No, _____ _____ .

3.

A: _____ Olivia like singing?

B: Yes, _____ _____ .

4.

A: _____ cows eat meat?

B: No, _____ _____ .

C 질문에 대한 대답을 Yes와 No로 시작하는 것 두 가지를 쓰세요.

1. Do you wear skirts? 너는 치마를 입니?

긍정 대답 _____ 부정 대답 _____

2. Does she like birds? 그녀는 새를 좋아하나요?

긍정 대답 _____ 부정 대답 _____

3. Do the babies need milk? 그 아기들은 우유가 필요한가요?

긍정 대답 _____ 부정 대답 _____

4. Does Tom watch TV? 톰은 TV를 보나요?

긍정 대답 _____ 부정 대답 _____

5. Do they live in New York? 그들은 뉴욕에 사나요?

긍정 대답 _____ 부정 대답 _____

D 우리말 뜻을 참고하여 틀린 부분을 바르게 고치세요.

1. Are you have a sister? 너는 여자 형제가 있니?

_____ → _____

2. Do William like grapes? 윌리엄은 포도를 좋아하나요?

_____ → _____

3. Does she eats chicken? 그녀는 닭고기를 먹나요?

_____ → _____

4. Does the children often play on the seesaw? 그 아이들은 시소에서 자주 노나요?

_____ → _____

5. Do eat you breakfast? 당신은 아침을 먹나요?

_____ → _____

A 각 문장을 의문문으로 바꿔 쓰세요.

1. You go to bed early. 너는 일찍 잔다.

의문문 _____

2. He plays badminton on Saturdays. 그는 토요일에 배드민턴을 친다.

의문문 _____

3. Annie does her homework before dinner. 애니는 저녁 식사 전에 숙제를 한다.

의문문 _____

4. They take a writing class. 그들은 작문 수업을 듣는다.

의문문 _____

5. The girls draw pictures every day. 그 소녀들은 매일 그림을 그린다.

의문문 _____

B 주어진 단어들을 바르게 배열하여 우리말과 같은 뜻이 되도록 문장을 완성하세요.

1. 그녀는 수학을 가르치나요? (math / she / teach / does / ?)

→ _____

2. 당신은 서울에 사나요? (live / you / do / in Seoul / ?)

→ _____

3. 그들은 동물을 좋아하나요? (animals / they / like / do / ?)

→ _____

4. 그는 자기 방을 자주 청소하나요? (often clean / he / does / his room / ?)

→ _____

5. 그들은 정오에 점심을 먹나요? (at noon / do / eat / they / lunch / ?)

→ _____

C 우리말에 맞게 빈칸에 알맞은 단어를 넣어 메신저 대화를 완성하세요.

Charlie, _____ _____ _____ James? (know) 찰리, 너 제임스 알아?

Yes, _____ _____. 응, 알아.

_____ _____ _____ to your school? (go) 그 애가 너희 학교 다니니?

Yes, _____ _____. 응, 다녀.

_____ _____ _____ in this town? (live) 그 애가 이 도시에 살아?

No, _____ _____. He lives in Graceville. 아니. 그 애는 그레이스빌에 살아.

_____ _____ _____ soccer with him? (play) 너 그 애랑 같이 축구 해?

Yes. I play soccer with him every Saturday. 응. 나 토요일마다 그 애랑 축구 해.

D 주어진 표현들을 사용하여 대왕판다에 대한 질문을 만들고, 그에 알맞은 대답을 쓰세요.

China

A : 대왕판다는 대나무 잎을 먹나요?
→ _____
(giant pandas, eat, bamboo leaves)

B : Yes, _____ _____.

A : 대왕판다는 캐나다에 사나요?
→ _____
(giant pandas, live, in Canada)

B : No, _____ _____.

A : 대왕판다는 검은색 귀를 가졌나요?
→ _____
(giant pandas, have, black ears)

B : Yes, _____ _____.

🔍 giant panda 대왕판다   bamboo 대나무   ear 귀

1 다음 중 동사와 3인칭 단수형이 바르게 연결된 것을 고르세요.

① go - gos
② have - haves
③ do - dos
④ wash - washs
⑤ teach - teaches

2 다음 중 동사와 3인칭 단수형이 잘못 연결된 것을 고르세요.

① love - loves
② walk - walks
③ see - sees
④ study - studys
⑤ sing - sings

3 빈칸에 들어갈 말로 알맞은 것을 고르세요.

_____ lives in a big city.

① Jimin and Jin
② You
③ I
④ Mr. Anderson
⑤ We

4 빈칸에 들어갈 수 없는 것을 고르세요.

Kay doesn't _____ ice cream.

① eat
② buy
③ like
④ want
⑤ has

5 빈칸에 들어갈 말로 바르게 짝지어진 것을 고르세요.

• _____ they play soccer on Saturday? • Cathy _____ not like math.

① Are - is
② Do - does
③ Do - do
④ Are - does
⑤ Does - is

6-7 다음 중 틀린 문장을 고르세요.

6 ① I eat breakfast every day.
② She does her homework after dinner.
③ He like baseball.
④ I don't know his name.
⑤ My mom watches TV every evening.

7 ① I get up at 7.
② Tom don't know the answer.
③ Kevin and Brian go to school together.
④ Jane doesn't drink coffee.
⑤ Do you eat carrots?

8-9 질문에 대한 대답으로 알맞은 것을 고르세요.

8

> Do you live in Seoul?

① Yes, I am.
② Yes, you do.
③ No, you don't.
④ No, I'm not.
⑤ No, I don't.

9

> Does she teach math?

① Yes, she is.
② Yes, she teaches.
③ No, she isn't.
④ Yes, she does.
⑤ No, doesn't she.

10-11 주어진 문장을 지시대로 바르게 바꾼 것을 고르세요.

10

> The cat has white feet. 부정문

① The cat don't has white feet.
② The cat don't have white feet.
③ The cat doesn't has white feet.
④ The cat doesn't have white feet.
⑤ The cat have not white feet.

11

> Roy likes K-pop very much.
> 의문문

① Likes Roy K-pop very much?
② Do Roy like K-pop very much?
③ Do Roy likes K-pop very much?
④ Does Roy likes K-pop very much?
⑤ Does Roy like K-pop very much?

12-13 우리말을 영어로 바르게 옮긴 것을 고르세요.

12

> 그는 축구를 하지 않는다.

① He plays not soccer.
② He don't play soccer.
③ He don't plays soccer.
④ He doesn't plays soccer.
⑤ He doesn't play soccer.

13

> 그녀가 영어를 하나요?

① Does she speak English?
② Is she speak English?
③ Do she speak English?
④ Do she speaks English?
⑤ Does she speaks English?

14 다음 중 어색한 대화를 고르세요.

① A: Do you like oranges?
　B: Yes, I do.
② A: Does she live here?
　B: No, she doesn't.
③ A: Does John want this?
　B: Yes, he is.
④ A: Do they eat potatoes?
　B: Yes, they do.
⑤ A: Does he drink tea?
　B: No, he doesn't.

15 빈칸에 들어갈 말이 나머지와 다른 하나를 고르세요.

① _____ she have a yellow shirt?
② Matt _____ not listen to classical music.
③ _____ your father read the newspaper every morning?
④ _____ you know his phone number?
⑤ Today's class _____ not start at 9 a.m.

＊ classical music 클래식 음악

16-17 다음 문장을 바르게 고치는 방법으로 알맞은 것을 고르세요.

16

> Do Kate remember me?

① remember를 remembers로 고친다.
② Do를 Is로 고친다.
③ Do를 Does로 고친다.
④ Do를 Does로 고치고 remember를 remembers로 고친다.
⑤ me를 my로 고친다.

17

> Jin and Jimin doesn't play tennis.

① play를 plays로 고친다.
② doesn't를 don't로 고친다.
③ doesn't를 does로 고친다.
④ doesn't를 isn't로 고친다.
⑤ doesn't를 aren't로 고친다.

18-19 주어진 단어를 사용하여 문장을 완성하세요.

18

> He _____ a blue jacket every Monday. (wear)

19

Chloe doesn't _____
a headache today. (have)

* headache 두통   have a headache 머리가 아프다

20-21 질문에 대한 대답을 완성하세요.

20

A: Does your sister eat
hamburgers?
B: Yes, _____ _____.

21

A: Do the boys play board
games?
B: No, _____ _____.

* board game 보드 게임

22-23 우리말 뜻에 맞도록 틀린 부분을 바르게 고쳐 문장을 다시 쓰세요.

22

The girl don't drinks milk.

그 여자아이는 우유를 마시지 않는다.

→ _____

23

Does Lucy and John go to the
same school?

루시와 존은 같은 학교에 다니나요?

→ _____

_____

* the same 같은

24-25 주어진 단어들을 사용하여 우리말과 같은 뜻이 되도록 영어 문장을 쓰세요.

24

그녀는 만화책을 읽지 않는다.

(read, comic books)

→ _____

25

그들은 세계사를 배우나요?

(learn, world history)

→ _____

_____

앞에서 배운 단어를 한 번 더 확인하고 어렵거나 모르는 단어는 다시 공부하세요.

☐ answer	정답, 대답		☐ breakfast	아침 식사
☐ catch	잡다		☐ clean	청소하다
☐ climb	오르다		☐ company	회사
☐ cry	울다		☐ dinner	저녁 식사
☐ draw	(선으로 그림을) 그리다		☐ drive	운전하다
☐ early	일찍		☐ fly	날다
☐ hard	열심히		☐ hate	싫어하다
☐ hiking	등산		☐ homework	숙제
☐ late	늦게		☐ learn	배우다
☐ make	만들다		☐ meat	고기
☐ newspaper	신문		☐ noon	정오, 낮 12시
☐ open	열다		☐ pass	통과하다
☐ read	읽다		☐ schedule	일정, 스케줄
☐ sea	바다		☐ skirt	치마
☐ station	역		☐ stop	멈추다, 서다
☐ teach	가르치다		☐ tell	말하다
☐ truth	사실, 진실		☐ walk	걷다
☐ wash	씻다		☐ work	일하다

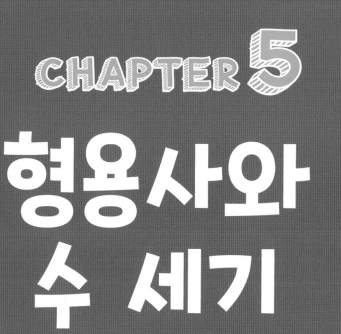

CHAPTER 5

형용사와
수 세기

동영상 강의

명사의 모양, 상태, 색, 수량 등을 나타내며 명사를 앞에서 꾸미거나 뒤에서 설명해 주는 형용사에 대해 배워요.

셀 수 없는 명사의 수를 세는 방법, 그리고 수를 세는 두 가지 방법인 기수와 서수에 대해서도 배워요.

UNIT 1 형용사의 쓰임과 종류

▶ 동영상 강의를 보면서 학습하세요.

1 형용사

형용사는 명사의 모양, 상태, 성질, 기분, 색깔 등을 나타내는 말이에요.

크기, 모양	big (큰) large (큰) small (작은) long (긴) short (짧은) high (높은) low (낮은) round (둥근)
상태, 성질	good (좋은) bad (나쁜) new (새로운) old (오래된, 늙은) young (젊은, 어린) right (옳은) wrong (틀린) pretty (예쁜) beautiful (아름다운) hungry (배고픈) sleepy (졸린) fast (빠른) slow (느린) busy (바쁜) cold (차가운) hot (뜨거운) warm (따뜻한) light (밝은, 가벼운) dark (어두운)
기분, 성격	happy (행복한) unhappy (불행한) angry (화난) sad (슬픈) lonely (외로운) kind (친절한) honest (정직한) cheerful (명랑한) lazy (게으른)
색깔	white (하얀) black (검은) blue (파란) red (빨간) yellow (노란) green (초록색의) pink (분홍색의) gray (회색의) purple (보라색의)
날씨	sunny (맑은) cloudy (흐린) windy (바람 부는) rainy (비가 오는) snowy (눈이 오는) hot (더운) cold (추운) warm (따뜻한) cool (시원한, 서늘한)
맛	delicious (맛있는) sweet (달콤한) salty (짠) hot (매운) sour (신)

2 형용사의 쓰임

1) 명사를 꾸며줌

형용사는 명사 앞에서 명사를 꾸며줘요. 명사 앞에 형용사를 쓰고, 형용사 앞에 관사 a/an/the나 소유격 인칭대명사를 써요.

This is a green apple. 이것은 녹색 사과다.

It is an easy question. 그것은 쉬운 문제다. ←

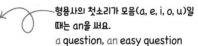

형용사의 첫소리가 모음(a, e, i, o, u)일 때는 an을 써요.
a question, an easy question

He is my favorite singer. 그는 내가 매우 좋아하는 가수다.

2) 주어를 설명함

be동사 뒤에서 앞에 있는 주어를 설명해 주는 역할을 해요.

Mr. Pitt is tall. 피트 씨는 키가 크다. (주어 Mr. Pitt를 설명)

Earth is round. 지구는 둥글다. (주어 Earth를 설명)

My rabbit is gray. 내 토끼는 회색이다. (주어 My rabbit을 설명)

A 각 문장에서 형용사에 동그라미 하세요.

1. I want a new cap.
   나는 새 모자를 갖고 싶다.

2. The building is tall.
   그 건물은 높다.

3. This book is interesting.
   이 책은 재미있다.

4. Lilies are white.
   백합은 흰색이다.

5. This soup is hot.
   이 수프는 뜨겁다.

6. She is a kind person.
   그녀는 친절한 사람이다.

B 그림을 보고 괄호 안에서 알맞은 것을 고르세요.

1. This is a (red / yellow) fish.

2. It is a (big / small) box.

3. It's a (red / yellow) flower.

4. This is a (big / small) ball.

5. The little girl is (sad / happy).

C 우리말과 같은 뜻을 나타내는 영어 표현을 골라 √ 표시 하세요.

1. 초록색 들판 ☐ green fields ☐ fields green

2. 웃긴 이야기들 ☐ stories funny ☐ funny stories

3. 키 큰 여성 ☐ a tall woman ☐ a woman tall

4. 어려운 문제 ☐ difficult a question ☐ a difficult question

5. 나의 새 스마트폰 ☐ my new smartphone ☐ new my smartphone

6. 높은 산 ☐ a mountain high ☐ a high mountain

lily 백합   person 사람   difficult 어려운   question 문제, 질문

A 그림을 보고 알맞은 형용사를 빈칸에 넣어 문장을 완성하세요.

보기   pink   tall   angry   round   long

① ② ③ ④ ⑤

1. She is wearing a _____ skirt.

2. A _____ table is in the kitchen.

3. There is a _____ tower.

4. The girl has a _____ balloon.

5. The boy is _____ .

B 우리말과 같은 뜻이 되도록 빈칸에 공통으로 들어갈 단어를 보기에서 골라 문장을 완성하세요.

보기   white   sweet   busy   sunny

1. It is _____ today. 오늘은 날이 맑다.

   I like _____ days. 나는 맑은 날을 좋아한다.

2. This is a _____ dog. 이것은 하얀 개다.

   My dog is _____ . 나의 개는 흰색이다.

3. Today is a _____ day. 오늘은 바쁜 날이다.

   The man is always _____ . 그 사람은 항상 바쁘다.

4. I don't like _____ food. 나는 단 음식을 좋아하지 않는다.

   This peach is _____ . 이 복숭아는 달다.

C 문장에서 형용사에 동그라미 하고, 형용사가 꾸미거나 설명하는 표현에 밑줄을 그으세요.

1. We need a big table. 우리는 큰 탁자가 필요하다.

2. Peter is an honest man. 피터는 정직한 사람이다.

3. The cheetah is a fast animal. 치타는 빠른 동물이다.

4. This is her new computer. 이것은 그녀의 새 컴퓨터다.

5. The tea is hot. 차가 뜨겁다.

6. The children are cute. 그 아이들은 귀엽다.

7. She is wearing a pink ribbon. 그녀는 분홍색 리본을 달고 있다.

8. Maria likes sad movies. 마리아는 슬픈 영화를 좋아한다.

D 주어진 형용사를 알맞은 자리에 넣어 문장을 다시 쓰세요.

1. She wants juice. (cold) 그녀는 (차가운) 주스를 원한다.

   → She wants _____.

2. I know a man. (rich) 나는 (부유한) 사람을 한 명 안다.

   → I know _____.

3. These are his shoes. (new) 이것은 그의 (새) 신발이다.

   → These are _____.

4. This is a rose. (beautiful) 이것은 (아름다운) 장미다.

   → This is _____.

5. My mom likes bread. (soft) 우리 엄마는 (부드러운) 빵을 좋아하신다.

   → My mom likes _____.

6. He swims in the river. (deep) 그는 (깊은) 강에서 수영을 한다.

   → He swims in _____.

> **TIP** 명사 앞에 형용사를 쓰고, 형용사 앞에 관사(a, an, the)나 소유격 인칭대명사를 써요.

A 우리말 뜻을 참고하여 틀린 부분을 바르게 고쳐 문장을 다시 쓰세요.

1. It is a test difficult. 그것은 어려운 시험이다.

→ _____

2. The teacher angry is. 그 선생님은 화가 났다.

→ _____

3. He has a bicycle old. 그는 오래된 자전거가 있다.

→ _____

※**TIP** 형용사의 첫소리가 모음일 때는 관사 an을 써요.

4. This is delicious a cookie. 이것은 맛있는 쿠키다.

→ _____

5. I like sweet her voice. 나는 그녀의 달콤한 목소리가 좋다.

→ _____

B 주어진 단어들을 바르게 배열하여 우리말과 같은 뜻이 되도록 문장을 완성하세요.

1. 그 여자아이는 정직하다. (honest / is / the girl / .)

→ _____

2. 작은 섬이 있다. (there is / island / small / a / .)

→ _____

3. 그 그림은 아름답다. (is / beautiful / the picture / .)

→ _____

4. 돼지는 꼬리가 짧다. (has / the pig / tail / a short / .)

→ _____

5. 이들은 나의 오래된 친구들이다. (friends / these / old / are / my / .)

→ _____

C 범죄자를 찾는 광고입니다. 보기 속 형용사들을 알맞은 자리에 넣어 광고를 완성하세요.

wanted

SAL

- about 25 years _____
- _____ and slim
- a _____ T-shirt
- _____ pants
- a _____ cap
- _____ hair

Please call 00-111-2345.

보기

black

brown

old

red

tall

white

D 보기의 형용사들과 be동사를 이용하여 백설공주 이야기를 완성하세요.

| 보기 | bad | white | red | pretty | black |

Snow White is a _____ princess.

Her face is white, her hair _____ _____,

and her lips _____ _____.

She _____ _____ like snow,

so she is Snow White.

Snow White's stepmother,

a _____ queen, tries to kill her.

So she runs away to the forest and

lives with the seven dwarfs.

wanted 수배 중인   slim 날씬한, 호리호리한   pants 바지   Snow White 백설공주   princess 공주
face 얼굴   lip 입술   stepmother 새어머니, 계모   queen 여왕   try to + 동사원형 ~하려 하다   kill 죽이다
run away 도망치다   forest 숲   dwarf 난쟁이

UNIT 2 many, much, a lot of, some, any, a few, a little

▶ 동영상 강의를 보면서 학습하세요.

1 many, much, a lot of

many, much, a lot of는 '**많은**'이라는 뜻이에요. many는 셀
수 있는 명사의 복수형 앞에 쓰고, much는 셀 수 없는 명사 앞
에 써요. a lot of는 두 경우 모두 쓸 수 있어요.

many, a lot of	+	셀 수 있는 명사 (복수 명사)
much, a lot of	+	셀 수 없는 명사

I have **many[= a lot of]** friends. 나는 친구들이 많이 있다.

I don't read **many[= a lot of]** books. 나는 책을 많이 읽지 않는다.

Do you watch **many[= a lot of]** movies? 너 영화 많이 보니?

She drinks **a lot of** water. 그녀는 물을 많이 마신다.

We don't have **much[= a lot of]** time. 우리는 시간이 많지 않다.

Do you have **much[= a lot of]** money? 너 돈 많아?

> much는 긍정문에 잘 쓰지 않아서
> 그 대신 a lot of를 써요.

2 some, any

some과 any는 '**약간의, 몇몇의, 조금의**'라는 뜻으로, 셀 수 있는
명사의 복수형이나 셀 수 없는 명사 앞에 다 쓸 수 있어요.
some은 긍정문에 쓰고, 부정문과 의문문에는 any를 써요. 부정문
에서 any는 '**전혀/조금도 (~ 아니다)**'라는 뜻이에요.

some	긍정문	약간의, 몇몇의
any	부정문	전혀, 조금도
	의문문	약간의, 몇몇의

긍정문 I eat **some** bread in the morning. 나는 아침에 빵을 조금 먹는다.

부정문 She doesn't have **any** sisters. 그녀는 여자 형제가 없다.

의문문 Do you have **any** hobbies? 당신은 취미가 있나요?

> 권유를 나타내는 의문문에는 some을 써요.
> Do you want some cookies?
> 쿠키 좀 먹을래?

3 a few, a little

a few와 a little은 '**조금의, 몇몇의, 약간의**'라는 뜻이에요. a few
는 셀 수 있는 명사의 복수형 앞에서 그것이 조금 있음을 나타내고,
a little은 셀 수 없는 명사 앞에서 그것이 조금 있음을 나타내요.
한편, a를 뺀 few와 little은 '**거의 없는**'이라는 뜻이에요.

a few +	셀 수 있는 명사 (복수 명사)	조금의, 몇몇의
a little +	셀 수 없는 명사	조금의, 약간의
few +	셀 수 있는 명사 (복수 명사)	거의 없는
little +	셀 수 없는 명사	

There are **a few** cars on the road. 도로에 차가 조금 있다.

There are **few** cars on the road. 도로에 차가 거의 없다.

I have **a little** money. 나는 돈이 조금 있다.

I have **little** money. 나는 돈이 거의 없다.

A 우리말과 같은 뜻을 나타내는 영어 표현에 √ 표시 하세요.

1. 많은 개들 ☐ many dogs ☐ much dogs

2. 많은 물 ☐ many water ☐ much water

3. 많은 연필들 ☐ many pencil ☐ many pencils

4. 많은 시간 ☐ many time ☐ much time

B 그림을 보고 알맞은 문장에 √ 표시 하세요.

1.
☐ I have some money.
☐ I don't have any money.

2.
☐ Anne has some dolls.
☐ Anne doesn't have any dolls.

3.
☐ There is some bread.
☐ There isn't any bread.

C 괄호 안에서 알맞은 것을 고르세요.

1. a few (flower / flowers) 2. a little (sugar / sugars)

3. a few (money / boys) 4. a little (chairs / ice)

5. few (book / books) 6. little (time / times)

7. few (chairs / oils) 8. little (butter / butters)

🔍 money 돈 ice 얼음 oil 기름 butter 버터

A 괄호 안에서 알맞은 것을 고르세요.

1. My brother has (many / much) toys.
   내 남동생은 장난감이 많이 있다.

2. The girl drinks (many / a lof of) milk.
   그 여자아이는 우유를 많이 마신다.

3. Do you have (much / a lot of) jeans?
   너는 청바지가 많이 있니?

4. I don't have (many / much) time today.
   나는 오늘 시간이 별로 없다.

5. There are (much / a lot of) people in the zoo.
   동물원에 사람들이 많이 있다.

6. Is there (many / a lot of) bread on the shelf?
   선반에 빵이 많이 있나요?

7. They don't eat (many / much) meat and fish.
   그들은 고기와 생선을 많이 먹지 않는다.

B 그림을 보고 빈칸에 some과 any 중 알맞은 것을 쓰세요.

1. There are _____ apples on the table.

2. We don't have _____ bread.

3. Do you have _____ questions?

4. I need _____ money.

5. There are not _____ students in the classroom.

C 우리말과 같은 뜻이 되도록 빈칸에 a few, a little, few, little 중 알맞은 것을 쓰세요.

1. 지붕 위에 눈이 조금 있다.
   There is ＿＿＿＿＿＿＿＿＿ snow on the roof.

2. 그 남자는 옷이 거의 없다.
   The man has ＿＿＿＿＿＿＿＿＿ clothes.

3. 농장에 토끼가 몇 마리 있다.
   There are ＿＿＿＿＿＿＿＿＿ rabbits on the farm.

4. 그들은 쌀이 거의 없다.
   They have ＿＿＿＿＿＿＿＿＿ rice.

5. 우리 마당에는 나무가 몇 그루 있다.
   We have ＿＿＿＿＿＿＿＿＿ trees in our yard.

D 우리말과 같은 뜻이 되도록 보기에서 알맞은 말을 골라 빈칸에 쓰세요.

보기	many	much	any	a few	a little

1. 아이들 몇 명이 도서관에 있다.
   ＿＿＿＿＿＿＿＿＿ children are in the library.

2. 나는 많은 돈을 원하지 않는다.
   I don't want ＿＿＿＿＿＿＿＿＿ money.

3. 나는 미국인 친구가 없다.
   I don't have ＿＿＿＿＿＿＿＿＿ American friends.

4. 우리는 기름이 조금 필요하다.
   We need ＿＿＿＿＿＿＿＿＿ oil.

5. 시장에 사람들이 많이 있다.
   There are ＿＿＿＿＿＿＿＿＿ people at the market.

roof 지붕 clothes 옷 farm 농장 rice 쌀, 밥

A 우리말 뜻에 맞도록 틀린 부분을 바르게 고쳐 문장을 다시 쓰세요.

1. **We need any butter.** 우리는 버터가 좀 필요하다.
   → _____

2. **Much people come to this museum.** 많은 사람들이 이 박물관에 온다.
   → _____

3. **They don't have some red pens.** 그들은 빨간 펜이 없다.
   → _____

4. **There are a few people on the street.** 거리에 사람이 거의 없다.
   → _____

5. **She doesn't eat many rice and bread.** 그녀는 밥과 빵을 많이 먹지 않는다.
   → _____

B 주어진 단어들을 바르게 배열하여 우리말과 같은 뜻이 되도록 문장을 완성하세요.

1. 그들은 시간이 많지 않다. (time / much / they / have / don't / .)
   → _____

2. 나는 모자가 몇 개 있다. (hats / I / a few / have / .)
   → _____

3. 그는 매일 초콜릿을 조금 먹는다. (chocolate / he / some / eats / every day / .)
   → _____

4. 나의 정원에는 장미가 없다. (roses / there / any / aren't / in my garden / .)
   → _____

5. 나는 거기에 설탕을 조금 넣는다. (in it / I / sugar / put / a little / .)
   → _____

C 냉장고 속 음식들을 보고 빈칸에 many 또는 much를 넣어 문장을 완성하세요.

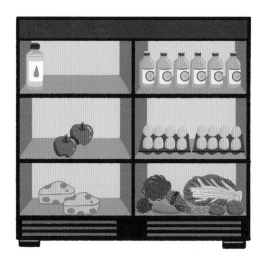

Look in the refrigerator.

There is not _____ water.

There is _____ juice.

There are not _____ apples.

There are _____ eggs.

There is not _____ cheese.

There are _____ vegetables.

D 그림을 보고 보기의 단어들을 이용하여 엄마와 아이의 대화를 완성하세요. (필요한 경우 한 단어를 여러 번 사용하세요.)

보기	some	any	a few	a little

Mom, I'm hungry. I want some cake. Is there _____ cake?

No, but there are _____ cookies.

I don't want them.

There are _____ _____ eggs.
Do you want fried eggs?

Yes! I also want _____ milk.
Is there _____ milk?

There is _____ _____ milk.

Okay.

fried egg 달걀 프라이

 **UNIT 3 셀 수 없는 명사의 수 세기**

▶ 동영상 강의를 보면서 학습하세요.

셀 수 없는 명사 : '단위'를 이용해 수 세기

셀 수 없는 명사는 한 개, 두 개로 수를 셀 수 없어요. 대신 그 명사가 담겨 있는 그릇이나 그 명사의 잘린 모양, 무게의 단위 등 '단위'를 이용해서 수를 세요. 우유 한 '잔(glass)', 케이크 한 '조각(piece)', 주스 세 '병(bottle)'처럼 단위를 나타내는 단어들을 이용해요.

a glass of milk

a piece of cake

two kilos of sugar

three bottles of water

I drink **a glass of milk** every morning. 나는 매일 아침 우유를 한 잔 마신다.

There is **a piece of cake** on the table. 탁자 위에 케이크 한 조각이 있다.

We have **two kilos of sugar**. 우리는 설탕 2킬로가 있다.

They need **three bottles of water**. 그들은 물 세 병이 필요하다.

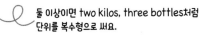
둘 이상이면 two kilos, three bottles처럼 단위를 복수형으로 써요.

1) 그릇으로 세기

a cup of ~ ~ 한 컵	hot water, tea, coffee (뜨거운 물) (차) (커피)
a glass of ~ ~ 한 잔	water, milk, juice (물) (우유) (주스)
a bottle of ~ ~ 한 병	water, juice, Coke (물) (주스) (콜라)
a can of ~ ~ 한 캔	Coke, tuna, corn (콜라) (참치) (옥수수)
a bowl of ~ ~ 한 그릇	rice, soup (밥) (수프, 국)
a bag of ~ ~ 한 봉지	flour, sugar, salt, rice (밀가루) (설탕) (소금) (쌀)
a spoonful of ~ ~ 한 숟가락	sugar, salt, oil (설탕) (소금) (기름)

2) 잘린 모양으로 세기

a piece of ~ ~ 한 조각	cake, pizza, cheese, paper (케이크) (피자) (치즈) (종이)
a slice of ~ ~ 한 조각/장 (얇게 썬 조각)	cheese, ham, pizza (치즈) (햄) (피자)
a loaf of ~ ~ 한 덩어리	bread (빵)
a sheet of ~ ~ 한 장	paper (종이)

3) 무게 단위로 세기

one kilo of ~ ~ 1킬로	sugar, salt, rice (설탕) (소금) (쌀)
one liter of ~ ~ 1리터	water, milk, oil (물) (우유) (기름)

A 주어진 단어들이 셀 수 있는지 없는지 구분하여 해당하는 것에 동그라미 하세요.

1. cheese (셀 수 있음 / 셀 수 없음)

2. juice (셀 수 있음 / 셀 수 없음)

3. eraser (셀 수 있음 / 셀 수 없음)

4. flour (셀 수 있음 / 셀 수 없음)

5. rice (셀 수 있음 / 셀 수 없음)

6. flower (셀 수 있음 / 셀 수 없음)

B 그림을 보고 괄호 안에서 알맞은 것을 고르세요.

1. a (cup / glass) of coffee

2. a (piece / loaf) of bread

3. a (glass / bottle) of water

4. a (loaf / sheet) of paper

5. a (can / bowl) of corn

6. a (bottle / bag) of sugar

C 우리말 뜻을 참고하여 괄호 안에서 알맞은 것을 고르세요.

1. a (glass / glasses) of water
물 한 잔

2. three (piece / pieces) of cake
케이크 세 조각

3. two bowls of (soup / soups)
수프 두 그릇

4. two (liter / liters) of milk
우유 2리터

5. four (spoonful / spoonfuls) of salt
소금 네 숟가락

6. 10 kilos of (flour / flours)
밀가루 10킬로

🔍 flour 밀가루 paper 종이 corn 옥수수 spoonful 한 숟가락 (가득한 양)

A 그림을 보고 보기의 단위명사를 알맞은 형태로 빈칸에 쓰세요.

보기   slice   kilo   bottle   glass   cup   spoonful

1.

two _____ of pizza

2.

three _____ of coffee

3.

five _____ of rice

4.

three _____ of Coke

5.

two _____ of sugar

6.

two _____ of juice

B 우리말과 같은 뜻이 되도록 괄호 안의 두 단어 중 알맞은 것을 골라 빈칸에 쓰세요.

1. 수프 두 그릇   → two _____ of soup   (bowl / bowls)

2. 밀가루 한 봉지   → a _____ of flour   (bag / bags)

3. 빵 두 덩어리   → two _____ of bread (loaf / loaves)

4. 기름 10리터   → 10 _____ of oil   (liter / liters)

5. 종이 20장   → 20 _____ of paper   (sheet / sheets)

C 괄호 안의 두 표현 중 알맞은 것을 고르세요.

1. There are two (cans of tuna / can of tunas).

   참치 캔이 두 개 있다.

2. I want (a bottle of / a bottles of) orange juice.

   나는 오렌지 주스 한 병을 원해요.

3. Give us (two glass of / two glasses of) lemonade.

   저희 레모네이드 두 잔 주세요.

4. We have three (loaf of breads / loaves of bread).

   우리는 빵 세 덩어리가 있다.

5. I want (four bags of salt / four bags of salts).

   소금 네 봉지 주세요.

D 우리말과 같은 뜻이 되도록 빈칸에 알맞은 단어를 쓰세요. (필요한 경우 단어를 복수형으로 쓰세요.)

1. 나는 소금 한 숟가락이 필요하다.

   → I need _____ _____ of salt.

2. 그들은 토마토 수프 다섯 캔이 있다.

   → They have _____ _____ of tomato soup.

3. 그는 우유 두 잔을 마신다.

   → He drinks _____ _____ of milk.

4. 우리는 탄산음료 한 병이 있다.

   → We have _____ _____ of soda.

5. 그 아이는 밥 한 그릇을 먹는다.

   → The child eats _____ _____ of rice.

tuna 참치   lemonade 레모네이드(음료)   soda 탄산음료

A 우리말 뜻을 참고하여 틀린 부분을 바르게 고쳐 문장을 다시 쓰세요.

1. I make two bowl of soup. 나는 수프 두 그릇을 만든다.
→ _____

2. Give me five kilos of rices. 쌀 5킬로 주세요.
→ _____

3. She eats two piece of cheesecake. 그녀는 치즈 케이크 두 조각을 먹는다.
→ _____

4. Are there 10 bottle of water? 물이 열 병 있나요?
→ _____

5. We need 20 sheet of papers. 우리는 종이 스무 장이 필요하다.
→ _____

B 주어진 단어들을 바르게 배열하여 우리말과 같은 뜻이 되도록 문장을 완성하세요.

1. 그녀는 매일 아침 따뜻한 우유를 한 잔 마신다. (hot milk / she / a cup / drinks / of)
→ _____ every morning.

2. 접시 위에 치즈 네 조각이 있다. (there / cheese / of / pieces / are / four)
→ _____ on the plate.

3. 사과 주스 세 잔 주세요. (us / glasses / apple juice / three / of / give / .)
→ _____

4. 나는 설탕 두 숟가락을 넣어요. (put / two / sugar / spoonfuls / of / I / .)
→ _____

5. 그 남자는 매일 빵 두 덩어리를 산다. (the man / bread / loaves / two / of / buys)
→ _____ every day.

C 사람들이 간이식당에서 음식을 주문하고 있습니다. 빈칸에 알맞은 단어를 넣어 주문하는 문장을 완성하세요.

MENU

coffee ┆ juice ┆ milk ┆ water ┆ Coke ┆ pizza ┆ bread ┆ soup

1.

I want _____ _____ of pizza and
_____ _____ of Coke.

2.

I want _____ _____ of bread and
_____ _____ of milk.

3.

I want _____ _____ of soup and
_____ _____ of water.

D 치즈 달걀찜을 만드는 방법입니다. 그림을 보고 빈칸에 알맞은 단어를 쓰세요.

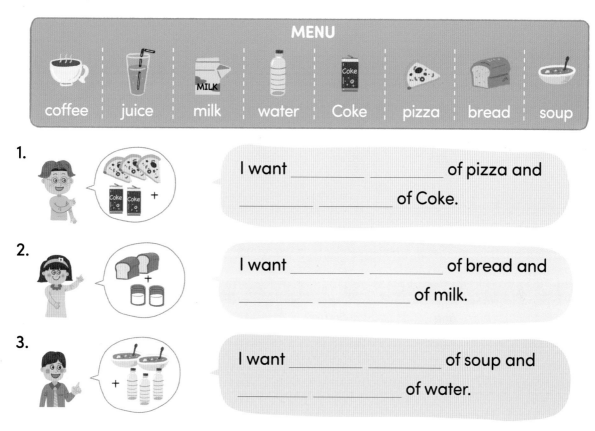

Steamed Eggs

egg   water
10min.   salt   cheese   corn

1. Mix four eggs with ____ _____ of water.
2. Add a half _____ of salt, _____ _____ of cheese, and _____ _____ of corn and mix again.
3. Put the pot on a medium heat and steam for about 10 minutes.

🔍 steamed eggs 달걀찜 mix 섞다 add 더하다, 추가하다 a half 반, 2분의 1 pot 냄비
medium heat 중간 불 steam 음식을 찌다 for + 시간 ~ 동안

1 기수와 서수

수를 나타내는 형용사는 두 가지가 있어요. 하나, 둘, 셋 등으로
개수를 세는 '기수'와, 첫째, 둘째, 셋째 등으로 순서를 세는 '서수'
가 있어요.

기수	하나, 둘, 셋 등으로 수를 셀 때 one, two, three, four, ...
서수	첫째, 둘째, 셋째 등으로 순서를 나타낼 때 first, second, third, fourth, ...

2 서수의 형태

서수는 기수 뒤에 -th를 붙여서 만드는 경우가 많아요. 하지만 first, second, third처럼 고유한 형태도 있고,
fifth나 ninth, twentieth처럼 형태가 살짝 바뀌는 경우도 있어요. 아래 표를 보며 잘 기억해 두세요.

	기수	서수		기수	서수
1	one	first	11	eleven	eleventh
2	two	second	12	twelve	twelfth
3	three	third	13	thirteen	thirteenth
4	four	fourth	14	fourteen	fourteenth
5	five	fifth	15	fifteen	fifteenth
6	six	sixth	16	sixteen	sixteenth
7	seven	seventh	17	seventeen	seventeenth
8	eight	eighth	18	eighteen	eighteenth
9	nine	ninth	19	nineteen	nineteenth
10	ten	tenth	20	twenty	twentieth
30	thirty	thirtieth	100	one hundred	one hundredth

3 서수의 쓰임

서수는 순서/차례, 날짜, 학년, 층 등을 나타낼 때 써요.

Today is her 12th(twelfth) birthday. 오늘은 그녀의 12번째 생일이다. (순서/차례)

Christmas is December 25th(twenty fifth). 크리스마스는 12월 25일이다. (날짜)

I am in the 5th(fifth) grade. 나는 5학년이다. (학년)

My house is on the 4th(fourth) floor. 우리 집은 4층에 있다. (층)

서수 앞에는 보통 관사 the를 써요.
단, 첫 번째 예문처럼 소유격 인칭대명사가
쓰였으면 the를 쓰지 않아요.

A 각 기수에 해당하는 서수를 고르세요.

1. one → (oneth / **first**)   2. two → (**second** / twoth)

3. three → (threeth / **third**)   4. four → (forth / **fourth**)

5. five → (fiveth / **fifth**)   6. eight → (**eighth** / eightth)

7. nine → (nineth / **ninth**)   8. twelve → (**twelfth** / twelveth)

9. twenty → (twentyth / **twentieth**)   10. forty → (fortyth / **fortieth**)

B 그림을 보고 알맞은 것에 동그라미 하세요.

1. I need (three / third) eggs.

2. He is in the (four / fourth) grade.

3. They live on the (seven / seventh) floor.

4. Jessica has (two / second) dogs.

C 각 숫자의 기수와 서수를 쓰세요.

		기수	서수
1.	1		
3.	3		
5.	9		
7.	13		
9.	20		

		기수	서수
2.	2		
4.	5		
6.	12		
8.	18		
10.	30		

🔍 grade 학년   floor 층

A 우리말과 같은 뜻이 되도록 괄호 안의 두 단어 중 알맞은 것을 골라 빈칸에 쓰세요.

1. 방 3개 → _____ rooms (three / third)

2. 둘째 아들 → _____ son (two / second)

3. 감자 7개 → _____ potatoes (seven / seventh)

4. 열세 살 → _____ years old (thirteen / thirteenth)

5. 5월 8일 → May _____ (eight / eighth)

6. 오후 4시 10분 → four _____ p.m. (ten / tenth)

7. 12층 → _____ floor (twelve / twelfth)

B 그림을 보고 빈칸에 알맞은 기수나 서수를 쓰세요.

1.

There are _____ boys in the room.

2.

The clinic is on the _____ floor.

3.

I have _____ colored pencils.

4.

My birthday is February _____ .

C 우리말과 같은 뜻이 되도록 괄호 안에서 알맞은 것을 골라 빈칸에 쓰세요.

1. 민수는 모자가 8개 있다. (eight / eighth)

   → Minsu has _____ caps.

2. 내일은 우리 엄마의 40번째 생신이다. (forty / fortieth)

   → Tomorrow is my mom's _____ birthday.

3. 그 개는 새끼가 7마리다. (seven / seventh)

   → The dog has _____ puppies.

4. 우리 교실은 4층에 있다. (four / fourth)

   → My classroom is on the _____ floor.

5. 그 남자가 오늘의 첫 번째 손님이다. (one / first)

   → The man is today's _____ guest.

D 우리말과 같은 뜻이 되도록 빈칸에 기수나 서수 중 알맞은 것을 쓰세요.

1. 우리 집에는 방이 4개 있다.

   → Our house has _____ rooms.

2. 케빈은 6학년이다.

   → Kevin is in the _____ grade.

3. 1년에는 열두 달이 있다.

   → There are _____ months in a year.

4. 그녀는 셋째 딸이다.

   → She is the _____ daughter.

5. 오늘은 9월 24일이다.

   → It is September _____ .

A 우리말 뜻을 참고하여 틀린 부분을 바르게 고쳐 문장을 다시 쓰세요.

1. My sister is twelfth years old. 우리 언니는 열두 살이다.

→ _____

2. David is in the two grade. 데이비드는 2학년이다.

→ _____

3. September is the nine month. 9월은 아홉 번째 달이다.

→ _____

4. The man has fifth grandchildren. 그 남자는 손주가 다섯 명 있다.

→ _____

5. The bookstore is on the three floor. 서점은 3층에 있다.

→ _____

B 주어진 단어들을 바르게 배열하여 우리말과 같은 뜻이 되도록 문장을 완성하세요.

1. 나는 매일 사과를 두 개 먹는다. (every day / I / two apples / eat / .)

→ _____

2. 내 남동생은 5학년이다. (is / the fifth grade / my brother / in / .)

→ _____

3. 이것은 그녀의 두 번째 소설이다. (this / novel / is / her / second / .)

→ _____

4. 하루는 24시간이다. (there are / in a day / 24 hours / .)

→ _____

5. 우리 집은 17층에 있다. (our house / on / is / the seventeenth floor / .)

→ _____

C 그림을 보고 빈칸에 알맞은 단어를 넣어 이야기를 완성하세요.

1.

Today is my _____
birthday. Now I am
_____ years old.

2.

I am in _____
_____ grade of
elementary school.

3.

Tom's house is on _____
_____ floor and
my house is on _____
_____ floor.

D 건물과 달력 그림을 보고 빈칸에 알맞은 단어를 넣어 이야기를 완성하세요.

1.

Look at the building.
On _____ _____ floor, there is a coffee shop.
On the second floor, there is a _____ _____.
On _____ _____ _____, there is a
bookstore. And on _____ _____ _____,
there is a gym.

2.

There are many special days in May.
May _____ is Children's Day.
May _____ is Parents' Day.
_____ _____ is Teachers' Day.
And May _____ is my birthday.

🔍⊕ pet shop 반려동물 용품점   special 특별한

1 다음 중 형용사가 <u>아닌</u> 것을 고르세요.

① kind   ② happy

③ easy   ④ hope

⑤ angry

2 다음 중 형용사로만 짝지어진 것을 고르세요.

① fresh - drink   ② tall - grow

③ small - kind   ④ angry - actor

⑤ old - potato

3 다음 중 두 형용사의 의미가 반대가 <u>아닌</u> 것을 고르세요.

① long - short   ② small - tall

③ old - new   ④ high - low

⑤ happy - sad

4 다음 중 기수와 서수가 <u>잘못</u> 짝지어진 것을 고르세요.

① one - first   ② four - fourth

③ five - fiveth   ④ eight - eighth

⑤ nine - ninth

5-7 우리말을 영어로 바르게 옮긴 것을 고르세요.

5

> 이것은 내 새 티셔츠다.

① This is a new my T-shirt.
② This is my new T-shirt.
③ This is new my T-shirt.
④ This is my T-shirt new.
⑤ This is my new a T-shirt.

6

> 내 여동생은 6학년이다.

① My sister is six grade.
② My sister is in six grade.
③ My sister is in the six grade.
④ My sister is six grader.
⑤ My sister is in the sixth grade.

7

> 우리는 우유가 두 병 있어요.

① We have two bottle of milk.
② We have two bottle of milks.
③ We have two bottles of milk.
④ We have two bottles of milks.
⑤ We have two bottle milk.

8 빈칸에 들어갈 수 <u>없는</u> 것을 고르세요.

> There are _____ flowers in the garden.

① some   ② many   ③ beautiful
④ much   ⑤ yellow

9 빈칸에 much가 들어갈 수 <u>없는</u> 것을 고르세요.

① _____ milk
② _____ money
③ _____ oil
④ _____ apples
⑤ _____ water

10-12 빈칸에 들어갈 말로 바르게 짝지어진 것을 고르세요.

10

> • _____ students know the answer.
> • We have _____ time.

① A little - a little
② Few - a little
③ A little - few
④ Few - few
⑤ A little - any

11

> • The building has _____ floors.
> • The coffee shop is on the _____ floor.

① five - two
② fifth - two
③ five - second
④ fifth - second
⑤ the fifth - two

12

> • Julia reads _____ books.
> • _____ boys go hiking every week.

① a lot of - Any
② much - Some
③ much - Any
④ a lot of - Some
⑤ a lot of - A little

13 빈칸에 들어갈 말로 알맞은 것을 고르세요.

> Phil has _____ friends in this city.

① a few   ② much   ③ a little
④ a   ⑤ this

14 다음 중 우리말과 영어가 <u>잘못</u> 짝지어진 것을 고르세요.

① 밀가루 한 봉지 : a bag of flour
② 종이 두 장 : two sheet of paper
③ 피자 세 조각 : three slices of pizza
④ 주스 한 잔 : a glass of juice
⑤ 빵 두 덩어리 : two loaves of bread

15 명사와 그 명사를 세는 단위가 바르게 짝지어진 것을 고르세요.

① cake - bag
② sugar - sheet
③ water - glass
④ rice - piece
⑤ paper - loaf

16 다음 중 올바른 문장을 고르세요.

① Summer is hot a season.
② I don't know some Americans.
③ There are any houses in the village.
④ Much people like the actor.
⑤ We need a little salt.

* village 마을

17 형용사 favorite이 들어갈 위치를 고르세요.

① This ② is ③ my ④ mother's ⑤ food.

18 다음 중 <u>틀린</u> 문장을 고르세요.

① They have two dogs.
② The boy is in the fifth grade.
③ My birthday is April seventh.
④ The flower shop is on the one floor.
⑤ She has twelve crayons.

19 우리말을 영어로 옮길 때 빈칸에 알맞은 말을 쓰세요.

브라이언은 둘째 아들이다.
→ Brian is _____ son.

20-22 우리말 뜻에 맞도록 틀린 부분을 바르게 고쳐 문장을 다시 쓰세요.

20
> I don't have some questions.
>
> 저는 질문이 없어요.
>
> → _____

21
> We have two kilo of sugar.
>
> 우리는 설탕 2킬로가 있어요.
>
> → _____

22
> They live on the eleven floor.
>
> 그들은 11층에 살아요.
>
> → _____

23-24 주어진 단어들을 바르게 배열하여 우리말과 같은 뜻이 되도록 문장을 완성하세요.

23
> 우리 고양이는 물을 많이 마시지 않는다.
>
> (water / drink / much / my cat / doesn't / .)
>
> → _____
>
> _____

24
> 그녀의 이름을 아는 사람이 거의 없다.
>
> (her name / few / know / people / .)
>
> → _____
>
> _____

25 우리말과 같은 뜻이 되도록 빈칸에 알맞은 말을 써 넣어 대화를 완성하세요.

> A: 너 지금 시간 있니?
>
> _____ you have _____ free time now?
>
> B: 응, 나 시간 좀 있어.
>
> Yes, I have _____ free time.

앞에서 배운 단어를 한 번 더 확인하고 어렵거나 모르는 단어는 다시 공부하세요.

☐ beautiful	아름다운	☐ busy	바쁜
☐ clothes	옷	☐ dark	어두운
☐ deep	깊은	☐ difficult	어려운
☐ face	얼굴	☐ farm	농장
☐ floor	층	☐ forest	숲
☐ grade	학년	☐ honest	정직한
☐ island	섬	☐ large	큰
☐ lazy	게으른	☐ lonely	외로운
☐ low	낮은.	☐ mix	섞다
☐ month	달, 월	☐ pants	바지
☐ paper	종이	☐ person	사람
☐ piece	조각	☐ pretty	예쁜
☐ put	넣다, 놓다, 두다	☐ question	문제, 질문
☐ rice	쌀, 밥	☐ rich	부유한
☐ right	옳은, 올바른	☐ slow	느린
☐ sour	신	☐ special	특별한
☐ spoonful	한 숟가락	☐ tail	꼬리
☐ tomorrow	내일	☐ voice	목소리

기적의 초등 영문법 1

Workbook

길벗스쿨

UNIT 1 셀 수 있는 명사, 셀 수 없는 명사

 다음 영어 단어에는 우리말 뜻을 쓰고, 우리말 뜻에는 영어 단어를 쓰세요.

	단어	우리말 뜻		우리말 뜻	단어
1	bicycle		16	원하다	
2	delicious		17	탁자	
3	drink		18	학생	
4	flower		19	모래	
5	hour		20	소금	
6	live		21	달리다	
7	math		22	필요하다	
8	music		23	음악	
9	need		24	수학	
10	run		25	살다	
11	salt		26	시간	
12	sand		27	꽃	
13	student		28	마시다	
14	table		29	맛있는	
15	want		30	자전거	

POINT를 참고하여 각 문장에서 명사를 모두 찾아 빈칸에 쓰세요.

POINT

• She is a **student**.   This is my **dog**.   There are many **cars**.

사람, 동식물, 사물, 장소, 눈에 보이지 않는 것 등 이 세상 모든 것들의 '이름'을 나타내는 단어를 명사라고 한다.

1. They live in a big city.
   그들은 대도시에 산다.
   _____

2. My mother sleeps here.
   우리 엄마는 여기서 주무신다.
   _____

3. She has a new smartphone.
   그녀는 새 스마트폰을 갖고 있다.
   _____

4. The singer is from Canada.
   그 가수는 캐나다 출신이다.
   _____

5. He drinks milk every morning.
   그는 매일 아침 우유를 마신다.
   _____

6. Ryan plays tennis on Sundays.
   라이언은 일요일에 테니스를 친다.
   _____

C POINT를 참고하여 괄호 안에서 알맞은 것을 고르세요.

POINT

• This is **a book**. | 셀 수 있는 명사가 단수일 때는 앞에 a나 an을 쓴다.
• These are **apples**. | 셀 수 있는 명사가 복수일 때는 -s를 붙인다.

1. There is a (house / houses) on the hill. 언덕 위에 집이 한 채 있다.

2. An octopus has eight (leg / legs). 문어는 다리가 여덟 개다.

3. She is (math teacher / a math teacher). 그녀는 수학 선생님이다.

4. There are 10 (egg / eggs) in the box. 상자 속에 달걀이 열 개 있다.

5. I need (umbrella / an umbrella). 나는 우산이 하나 필요하다.

6. (Polar bear / Polar bears) live in the Arctic. 북극곰들은 북극에 산다.

7. I see (cow / a cow) in the field. 들판에 소 한 마리가 보인다.

D POINT를 참고하여 괄호 안에서 알맞은 것을 고르세요.

1. Tom drinks a lot of (water / a water). 톰은 물을 많이 마신다.

2. The cook needs some (oil / oils). 그 요리사는 기름이 조금 필요하다.

3. The girl doesn't have much (money / moneys). 그 여자아이는 돈이 많지 않다.

4. She puts (sugar / a sugar) in her coffee. 그녀는 커피에 설탕을 넣는다.

5. We want fresh (air / airs). 우리는 신선한 공기를 원한다.

6. His hope is (world peace / a world peace). 그의 소망은 세계 평화다.

E 각 문장에서 셀 수 없는 명사를 찾아 빈칸에 쓰세요.

1. David is an elementary school student.
데이비드는 초등학생이다.
_____

2. They put ice in the glass.
그들은 유리잔에 얼음을 넣는다.
_____

3. Linda lives in Seoul.
린다는 서울에 산다.
_____

4. Their friendship is important to them.
그들의 우정은 그들에게 중요하다.
_____

F 괄호 안의 두 표현 중 알맞은 것에 동그라미 하세요.

1. 여우 한 마리 : (a fox / an fox)

2. 오렌지 하나 : (a orange / an orange)

3. 많은 눈 : (much snow / much snows)

4. 학생 세 명 : (three student / three students)

5. 주스 약간 : (some juice / some juices)

주어진 단어들을 써서 우리말과 같은 뜻의 영어 문장을 쓰되, 필요한 경우 명사를 복수형으로 쓰거나 명사 앞에 a나 an을 쓰세요.

1. 이것은 숟가락이다. (is, this, spoon)

→ _____

2. 그들은 버스 기사들이다. (are, they, bus driver)

→ _____

3. 우리는 사랑이 필요하다. (need, we, love)

→ _____

4. 나는 인형이 많이 있다. (have, I, doll, many)

→ _____

5. 그는 흰색 모자가 하나 있다. (has, white cap, he)

→ _____

6. 나는 초코 우유를 좋아한다. (like, chocolate milk, I)

→ _____

7. 나무가 두 그루 있다. (tree, there are, two)

→ _____

8. 그녀는 매일 요구르트를 먹는다. (eats, yogurt, she, every day)

→ _____

9. 꽃병에 꽃이 일곱 송이 있다. (seven, there are, flower, in the vase)

→ _____

10. 에밀리는 클래식 음악을 무척 좋아한다. (very much, Emily, classical music, likes)

→ _____

UNIT 2 셀 수 있는 명사의 복수형

A 다음 영어 단어에는 우리말 뜻을 쓰고, 우리말 뜻에는 영어 단어를 쓰세요.

	단어	우리말 뜻		우리말 뜻	단어
1	child		16	방문하다, 찾아가다	
2	city		17	치아	
3	cook		18	딸기	
4	country		19	팔다	
5	dish		20	감자	
6	doll		21	니뭇잎	
7	friend		22	칼	
8	glass		23	유리잔	
9	knife		24	친구	
10	leaf		25	인형	
11	potato		26	접시	
12	sell		27	나라	
13	strawberry		28	요리사; 요리하다	
14	tooth		29	도시	
15	visit		30	아이	

B POINT를 참고하여 괄호 안에서 알맞은 것을 고르세요.

1. The room has two (**doors** / doores). 그 방에는 문이 두 개다.

2. There are three (buss / **buses**) on the road. 도로에 버스가 세 대 있다.

3. Five (dishs / **dishes**) are on the table. 탁자 위에 접시가 다섯 개 있다.

4. I need four (potatos / **potatoes**). 나는 감자 네 개가 필요하다.

5. The clover has four (leafs / **leaves**). 그 클로버는 잎이 네 개다.

6. The woman has two (babys / **babies**). 그 여성은 아기가 둘이다.

7. Cats love (boxs / **boxes**). 고양이들은 상자를 무척 좋아한다.

C POINT를 참고하여 괄호 안에서 알맞은 것을 고르세요.

1. Dogs have four (foots / **feet**). 개는 발이 네 개다.

2. Five (mans / **men**) are in the restaurant. 그 식당에 다섯 명이 있다.

3. There are three (mouses / **mice**). 쥐가 세 마리 있다.

4. My mother has many (**fish** / fishs). 우리 엄마는 물고기를 많이 기르신다.

5. He brushes his (tooths / **teeth**) every morning. 그는 매일 아침 양치질을 한다.

6. Seven (childs / **children**) are in the library. 도서관에 아이 일곱 명이 있다.

7. I see many (**sheep** / sheeps) in the field. 들판에 많은 양들이 보인다.

D 주어진 단어를 알맞은 형태로 바꾸어 문장을 완성하세요.

1. Seoul, London, and Shanghai are big _____. (city)
   서울, 런던, 상하이는 대도시다.

2. There are some _____ in the zoo. (wolf)
   그 동물원에는 늑대 몇 마리가 있다.

3. Five _____ are in the playground. (child)
   아이들 다섯 명이 운동장에 있다.

4. There are five _____ in this book. (story)
   이 책에는 다섯 가지 이야기가 실려 있다.

5. There are many _____ in this city. (church)
   이 도시에는 교회가 많다.

6. Two _____ are in the field. (fox)
   여우 두 마리가 들판에 있다.

7. Humans have two _____ and horses have four _____. (foot)
   사람은 발이 2개고 말은 발이 4개다.

E 우리말 뜻을 참고하여 밑줄 친 부분을 바르게 고치세요.

1. The girles often play badminton.   → _____
   그 여자아이들은 자주 배드민턴을 친다.

2. There are two benchs in the yard.   → _____
   마당에 벤치가 2개 있다.

3. They have three pianoes.   → _____
   그들은 피아노가 3대 있다.

4. We have 12 tomatos.   → _____
   우리는 토마토가 12개 있다.

5. I need new knifes.   → _____
   나는 새 칼들이 필요하다.

6. Some womans are in the cafe.   → _____
   여성 몇 명이 카페에 있다.

7. The child has two tooths.   → _____
   그 아이는 이가 2개 있다.

주어진 단어들을 써서 우리말과 같은 뜻의 영어 문장을 쓰되, 필요한 경우 밑줄 친 명사를 복수형으로 쓰세요.

1. 나는 열쇠가 세 개 있다. (three, have, key, I)

   →

2. 이것들은 새 접시다. (dish, these, new, are)

   →

3. 우리 집은 방이 네 개다. (room, has, my house, four)

   →

4. 인간은 발이 두 개다. (two, humans, have, foot)

   →

5. 거리에 나뭇잎들이 있다. (on the street, leaf, there are)

   →

6. 내 안경이 책상 위에 있다. (are, my, on the desk, glass)

   →

7. 그녀는 감자 3개가 필요하다. (needs, potato, she, three)

   →

8. 탁자 위에 상자가 2개 있다. (two, on the table, there are, box)

   →

9. 연못에 물고기 네 마리가 보인다. (I, fish, see, four, in the pond)

   →

10. 여자 두 명이 버스 정류장에 있다. (woman, at the bus stop, are, two)

    →

UNIT 3 관사 a, an, the

A 다음 영어 단어에는 우리말 뜻을 쓰고, 우리말 뜻에는 영어 단어를 쓰세요.

	단어	우리말 뜻		우리말 뜻	단어
1	airplane		16	세계	
2	animal		17	따뜻한	
3	aunt		18	우산	
4	bird		19	기차	
5	bright		20	설탕	
6	cloud		21	하늘	
7	moon		22	오래된	
8	museum		23	박물관, 미술관	
9	old		24	달	
10	sky		25	구름	
11	sugar		26	밝은, 빛나는	
12	train		27	새	
13	umbrella		28	이모, 고모, 숙모, 아주머니	
14	warm		29	동물	
15	world		30	비행기	

B POINT를 참고하여 괄호 안에서 알맞은 것을 고르세요.

POINT
- I have **a book.** 관사 a/an은 셀 수 있는 명사의 단수형 앞에 쓴다. 명사의 첫 글자 발음이 자음일 때는 a를 쓴다.
- I have **an orange.** 명사의 첫 글자 발음이 모음(a, e, i, o, u)일 때는 an을 쓴다.

1. Maria has (a / an / ✕) laptop. 마리아는 노트북 컴퓨터가 하나 있다.

2. He likes (a / an / ✕) cats. 그는 고양이를 좋아한다.

3. I have (a / an / ✕) uncle. 나는 삼촌이 한 명 있다.

4. We need (a / an / ✕) car. 우리는 자동차가 필요하다.

5. That is (a / an / ✕) ox. 저것은 황소다.

6. The man is from (a / an / ✕) France. 그 남자는 프랑스에서 왔다.

C POINT를 참고하여 괄호 안에서 알맞은 것을 고르세요.

POINT
- I have **an apple. The apple** is green.

  관사 the는 앞에 나온 명사를 가리킬 때 쓰고, '그 ~'라고 해석한다.
- **The sun** is hot in summer. 세상에 하나밖에 없는 것 앞에도 the를 쓴다.

1. I see a bird. (A / An / The) bird is blue.
   새 한 마리가 보인다. 그 새는 파란색이다.

2. (A / An / The) moon is big and bright today.
   오늘 달이 크고 밝다.

3. There is (a / an) dog. (A / An / The) dog is on the sofa.
   개가 한 마리 있다. 그 개는 소파 위에 있다.

4. There is (a / an) umbrella. (A / An / The) umbrella is new.
   우산이 하나 있다. 그 우산은 새 것이다.

5. I have (a / an) friend. (A / An / The) friend lives in Busan.
   나는 친구가 한 명 있다. 그 친구는 부산에 산다.

6. The airplane is in (a / an / the) sky.
   그 비행기는 하늘에 있다.

D 빈칸에 a, an, the 중 알맞은 것을 쓰세요.

1. I have _____ blue T-shirt. 나는 파란색 티셔츠가 하나 있다.

2. A cow is _____ animal. 암소는 동물이다.

3. She drinks _____ cup of tea every morning. 그녀는 매일 아침 차를 한 잔 마신다.

4. He wants _____ apple. 그는 사과 하나를 원한다.

5. There is _____ pine tree in the garden. 그 정원에 소나무가 한 그루 있다.

6. His father is _____ actor. 그의 아버지는 배우이시다.

7. Cindy is _____ middle school student. 신디는 중학생이다.

8. I read _____ book every week. 나는 매주 책을 한 권 읽는다.

9. I like _____ artist. _____ artist is from America.
   나는 화가를 한 명 좋아한다. 그 화가는 미국 출신이다.

10. I see _____ star. _____ star is in _____ sky.
    별이 하나 보인다. 그 별은 하늘에 있다.

E 우리말 뜻을 참고하여 밑줄 친 부분을 바르게 고치세요.

1. They are an elephants.   → _____
   그것들은 코끼리들이다.

2. I drink a milk every day.   → _____
   나는 매일 우유를 마신다.

3. A sun is behind the cloud.   → _____
   태양은 구름 뒤에 있다.

4. She lives in a New York.   → _____
   그녀는 뉴욕에 산다.

5. I know an singer. His name is Kevin.   → _____
   나는 가수 한 사람을 안다. 그의 이름은 케빈이다.

6. He has a cap. A cap is red.   → _____
   그는 모자가 한 개 있다. 그 모자는 빨간색이다.

7. A girl is at the door. A girl has brown hair.   → _____
   한 여자아이가 문 앞에 있다. 그 여자아이는 머리가 갈색이다.

주어진 단어들과 알맞은 관사를 써서 우리말과 같은 뜻의 영어 문장을 쓰세요. (관사가 필요 없으면 쓰지 않아도 됩니다.)

1. 나는 개가 한 마리 있다. (have, I, dog)

   → _____

2. 거북이는 동물이다. (a turtle, animal, is)

   → _____

3. 그녀는 빵을 좋아한다. (she, bread, likes)

   → _____

4. 달이 하늘에 있다. (moon, in the sky, is)

   → _____

5. 폴은 우산이 하나 필요하다. (umbrella, needs, Paul)

   → _____

6. 그는 매일 오렌지 주스를 마신다. (drinks, orange juice, he, every day)

   → _____

7. 자동차가 하나 보인다. 그 차는 빠르다. (car, fast, is)

   → I see a car. _____

8. 사과가 하나 있다. 그 사과는 빨갛다. (apple, red, is)

   → **There is an apple.** _____

9. 나는 공이 하나 있다. 그 공은 노란색이다. (ball, yellow, is)

   → **I have a ball.** _____

10. 그녀는 고양이가 한 마리 있다. 그 고양이는 회색이다. (is, cat, gray)

   → **She has a cat.** _____

UNIT 1 인칭대명사의 주격과 목적격

 A 다음 영어 단어에는 우리말 뜻을 쓰고, 우리말 뜻에는 영어 단어를 쓰세요.

	단어	우리말 뜻		우리말 뜻	단어
1	baseball		16	주말	
2	doctor		17	입다	
3	family		18	보다, 지켜보다	
4	help		19	채소	
5	history		20	기억하다	
6	know		21	간호사	
7	learn		22	그리워하다	
8	meet		23	만나다	
9	miss		24	배우다	
10	nurse		25	알다	
11	remember		26	역사	
12	vegetable		27	돕다, 도와주다	
13	watch		28	가족	
14	wear		29	의사	
15	weekend		30	야구	

B POINT를 참고하여 괄호 안에서 알맞은 인칭대명사를 고르세요.

• **I** am a student.   **She** is my friend.   **They** live in Seoul.

주격 인칭대명사는 문장에서 주어로 쓰인다. 문장의 주인공이고, '~은/는', '~이/가'라고 해석한다.

1. (I / Me) want new shoes. 나는 새 신발을 갖고 싶다.

2. (Your / You) are my best friend. 너는 나의 가장 좋은 친구다.

3. (She / Her) has pretty eyes. 그녀는 예쁜 눈을 갖고 있다.

4. (We / Us) live in a small city. 우리는 소도시에 산다.

5. (His / He) plays the violin. 그는 바이올린을 연주한다.

6. (They / Them) like comedy movies. 그들은 코미디 영화를 좋아한다.

7. (Its / It) is a good idea. 그것은 좋은 생각이다.

8. (Our / We) are very busy now. 우리는 지금 무척 바쁘다.

C POINT를 참고하여 괄호 안에서 알맞은 인칭대명사를 고르세요.

• Kevin likes **me**.   Amy knows **him**.   We love **them**.

목적격 인칭대명사는 문장에서 목적어로 쓰인다. 동사의 행동의 대상이고, '~을(를)'로 해석한다.

1. Subin likes (he / him). 수빈이는 그를 좋아한다.

2. Billy knows (her / she). 빌리는 그녀를 안다.

3. They need (we / us). 그들은 우리를 필요로 한다.

4. Robin helps (them / they). 로빈은 그들을 돕는다.

5. My grandmother loves (I / me). 나의 할머니는 나를 사랑하신다.

6. That is William. Do you know (he / him)? 저 사람은 윌리엄이야. 너 그를 알아?

7. I like bread very much. I eat (it / its) every day.
나는 빵을 무척 좋아한다. 나는 매일 그것을 먹는다.

8. Kate has cousins. She meets (her / them) on Sundays.
케이트는 사촌들이 있다. 그녀는 일요일에 그들을 만난다.

D 괄호 안에서 알맞은 인칭대명사를 고르세요.

1. Math is difficult. I don't like (**it** / him). 수학은 어렵다. 나는 그것을 좋아하지 않는다.

2. There are two buildings. (**They** / Them) are tall. 건물이 두 개 있다. 그것들은 높다.

3. I like movies. I watch (it / **them**) every weekend.
   나는 영화를 좋아한다. 나는 주말마다 영화를 본다.

4. This is my friend Peter. I like (you / **him**) very much.
   이 아이는 내 친구 피터다. 나는 그를 무척 좋아한다.

5. There is a flower on the table. (**It** / They) is yellow.
   탁자 위에 꽃이 한 송이 있다. 그것은 노란색이다.

6. My mom likes fruit. (**She** / He) eats apples every day.
   우리 엄마는 과일을 좋아하신다. 엄마는 매일 사과를 드신다.

7. Do you remember Phil? He remembers (**you** / your).
   너 필 기억해? 그 애는 너를 기억해.

8. Please eat these hamburgers. (It / **They**) are delicious.
   이 햄버거 드세요. 맛있어요.

E 밑줄 친 부분을 인칭대명사로 바꿀 때 알맞은 것을 괄호 안에서 고르세요.

1. <u>My mother</u> likes flowers.　　　　　　(**She** / Her)
   우리 엄마는 꽃을 좋아하신다.

2. <u>The boy</u> is Anne's brother.　　　　　　(**He** / Him)
   그 남자아이는 앤의 오빠다.

3. I sometimes eat <u>a sandwich</u> for lunch.　(them / **it**)
   나는 가끔 점심으로 샌드위치를 먹는다.

4. Annie misses <u>her friends</u>.　　　　　　(us / **them**)
   애니는 친구들을 보고 싶어 한다.

5. Paul plays badminton with <u>Mandy</u>.　　　(she / **her**)
   폴은 맨디와 함께 배드민턴을 친다.

6. <u>Jimin's brother</u> goes to middle school.　(**He** / She)
   지민이의 형은 중학교에 다닌다.

7. <u>Yubin and I</u> are friends.　　　　　　　(They / **We**)
   유빈이와 나는 친구다.

주어진 단어들과 알맞은 인칭대명사를 써서 우리말과 같은 뜻의 영어 문장을 쓰세요.

1. 나는 지금 배가 고프다. (hungry, am, now)
   →

2. 그것은 내 배낭이다. (my backpack, is)
   →

3. 그녀는 보스턴에 산다. (in Boston, lives)
   →

4. 그들은 밤 10시에 잔다. (go to bed, at 10 p.m.)
   →

5. 우리는 함께 수영을 하러 간다. (together, go swimming)
   →

6. 나는 그들을 안다. (know, I)
   →

7. 캐시는 그를 좋아한다. (Cathy, likes)
   →

8. 크리스는 너를 기억한다. (remembers, Chris)
   →

9. 앤디는 그녀를 잊지 못한다. (Andy, can't forget)
   →

10. 그들은 나를 기억한다. (remember)
    →

UNIT 2 소유격 인칭대명사와 소유대명사

A 다음 영어 단어에는 우리말 뜻을 쓰고, 우리말 뜻에는 영어 단어를 쓰세요.

	단어	우리말 뜻		우리말 뜻	단어
1	bedroom		16	창문	
2	birthday		17	칫솔	
3	desk		18	오늘	
4	garden		19	양말	
5	gloves		20	(크기가) 작은	
6	hill		21	학교	
7	name		22	(비행기) 조종사	
8	nose		23	코	
9	pilot		24	이름	
10	school		25	언덕	
11	small		26	장갑	
12	socks		27	정원	
13	today		28	책상	
14	toothbrush		29	생일	
15	window		30	침실	

B POINT를 참고하여 괄호 안에서 알맞은 것을 고르세요.

POINT

• This is **my** book.　　They are **his** brothers.

소유격 인칭대명사 my, your, his, her, its, our, your, their는 명사 앞에서 그 명사가 누구의 것인지 나타낸다.
'나의', '너의', '그의', '그녀의', '그것의', '우리의', '너희의', '그들의, 그것들의'라는 뜻이다.

1. The girl is (me / my) younger sister. 그 여자아이는 내 여동생이다.

2. Is the boy (you / your) brother? 그 남자아이는 네 남동생이야?

3. (Their / Them) house is on the hill. 그들의 집은 언덕 위에 있다.

4. This is George. He is (we / our) friend. 이 아이는 조지다. 그는 우리의 친구다.

5. That is (her / hers) watch. It is white. 저것은 그녀의 시계다. 그것은 흰색이다.

6. This is a rabbit. (It / Its) ears are long. 이것은 토끼다. 그것의 귀는 길다.

7. John is my friend. Jenny is (him / his) sister. 존은 내 친구다. 제니는 그의 누나다.

C POINT를 참고하여 괄호 안에서 알맞은 것을 고르세요.

POINT

• This pencil is **mine**.　　That bag is **hers**.　　These are **ours**.

소유대명사 mine, yours, his, hers, ours, yours, theirs는 소유격에 '것'이라는 의미가 합해진 것으로,
'나의 것', '너의 것', '그의 것', '그녀의 것', '우리의 것', '너희의 것', '그들의 것'이라는 뜻이다. it은 소유대명사가 없다.

1. This bicycle is (my / mine). 이 자전거는 나의 것이다.

2. That umbrella is (her / hers). 저 우산은 그녀의 것이다.

3. These are my books, and those are (his / him). 이것들은 내 책이고 저것들은 그의 것이다.

4. My shoes are not here. These are (your / yours). 내 신발은 여기 없다. 이건 네 것이다.

5. A smartphone is on the table. It is (me / mine).
스마트폰 하나가 탁자 위에 있다. 그것은 나의 것이다.

6. There are many toys on the sofa. They are all (us / ours).
소파 위에 장난감이 많이 있다. 그것들은 모두 우리의 것이다.

7. These dolls are (their / theirs). Your doll is over there.
이 인형들은 그들의 것이다. 네 인형은 저기 있다.

D POINT를 참고하여 주어진 명사의 소유격을 빈칸에 쓰세요.

• This is **Elly's** desk.   He is **Tom's** brother.

명사는 뒤에 's를 붙여서 소유를 나타낼 수 있다. '~의'나 '~의 것'으로 해석할 수 있다.

1. My _____ eyes are blue. (cat)
   내 고양이의 눈은 파란색이다.

2. This is not _____ bag. (my mother)
   이것은 우리 엄마의 가방이 아니다.

3. _____ mother is a teacher. (Betty)
   베티의 어머니는 선생님이시다.

4. This is the _____ classroom. (children)
   여기는 그 아이들의 교실이다.

5. That is _____ school. (John and Mary)
   저것은 존과 메리의 학교다.

E 두 문장이 같은 뜻이 되도록 빈칸에 알맞은 인칭대명사의 소유격이나 소유대명사를 쓰세요.

1. This is my cup.   → This cup is _____.
   이것은 내 컵이다.

2. That is her sweater.   → That sweater is _____.
   저것은 그녀의 스웨터다.

3. Your shoes are black.   → The black shoes are _____.
   네 신발은 검정색이다.

4. The silver car is their car. → The silver car is _____.
   그 은색 차는 그들의 차다.

5. This notebook is mine.   → This is _____ notebook.
   이 공책은 나의 것이다.

6. That house is ours.   → That is _____ house.
   저 집은 우리의 것이다.

7. These pants are his.   → These are _____ pants.
   이 바지는 그의 것이다.

F 주어진 단어들과 알맞은 인칭대명사나 명사의 소유격, 또는 소유대명사를 써서 우리말과 같은 뜻의 영어 문장을 쓰세요.

1. 그것은 우리의 추억이다. (it, memory, is)

→ _____

2. 이것은 그의 기차표다. (this, train ticket, is)

→ _____

3. 저 사람은 그녀의 삼촌이다. (is, that, uncle)

→ _____

4. 이것이 너의 스케치북이다. (this, sketchbook, is)

→ _____

5. 그들의 개는 다섯 살이다. (five, dog, is, years old)

→ _____

6. 이것은 토미의 전화기다. (phone, this, is, Tommy)

→ _____

7. 저것은 내 여동생의 학교다. (that, school, is, my sister)

→ _____

8. 이 책상은 나의 것이다. (is, this desk)

→ _____

9. 저 검정색 가방은 그의 것이다. (bag, is, that black)

→ _____

10. 이것은 우리의 것이고, 저것이 그들의 것이다. (this, that, is, and, is)

→ _____

UNIT 3 비인칭 주어 it

A 다음 영어 단어에는 우리말 뜻을 쓰고, 우리말 뜻에는 영어 단어를 쓰세요.

	단어	우리말 뜻		우리말 뜻	단어
1	autumn		16	해, 년	
2	cloudy		17	겨울	
3	date		18	바람이 부는	
4	hot		19	날씨	
5	o'clock		20	시간, 시	
6	rainy		21	맑은, 화창한	
7	season		22	여름	
8	spring		23	봄	
9	summer		24	계절	
10	sunny		25	비가 오는	
11	time		26	~시 (정각)	
12	weather		27	더운	
13	windy		28	날짜	
14	winter		29	흐린	
15	year		30	가을	

B POINT를 참고하여 각 문장에서 it이 비인칭 주어로 쓰였으면 ○, 아니면 ✕ 표시 하세요.

1. It is a banana.   (   )

2. It is 9 o'clock.   (   )

3. It is spring.   (   )

4. It is my jacket.   (   )

5. It is hot today.   (   )

6. It is February 11th.   (   )

7. It is Monday.   (   )

C POINT를 참고하여 각 문장의 비인칭 주어가 무엇을 나타내는지 고르세요.

1. It is rainy.   (시간 / 날씨)

2. It is four twenty.   (날짜 / 시간)

3. It is March 1st.   (날짜 / 요일)

4. It is Saturday.   (시간 / 요일)

5. It is fall.   (계절 / 날씨)

6. It is so hot today.   (날짜 / 날씨)

7. It is 2024.   (연도 / 날짜)

D 질문에 대한 대답으로 알맞은 것을 고르세요.

1. A : What year is it?
   B : It's (**2024** / winter).

2. A : What's the date today?
   B : It's (**April 7th** / Thursday).

3. A : What day is it today?
   B : It's (October 12th / **Wednesday**).

4. A : What time is it?
   B : It's (Saturday / **eight fifteen**).

5. A : How is the weather?
   B : It's (spring / **very cold**).

E 우리말 뜻을 참고하여 빈칸에 알맞은 단어를 쓰세요.

1. What day is _____ today? 오늘은 무슨 요일인가요?

2. _____ is winter in Brazil in August. 8월에 브라질은 겨울이다.

3. _____ time is _____? 몇 시예요?

4. _____ is 8 in the morning. 아침 8시다.

F 질문에 알맞은 대답을 연결하세요.

1. What year is it?   •   ⓐ It's Tuesday.

2. What date is it today? •   ⓑ It's windy.

3. What day is it today?   •   ⓒ It's eleven thirty.

4. What time is it?   •   ⓓ It's 2025.

5. How is the weather?   •   ⓔ It's January 4th.

주어진 단어들과 비인칭 주어 it을 써서 우리말과 같은 뜻의 영어 문장을 쓰세요.

1. 오늘은 토요일이다. (Saturday, is)

   →

2. 4월 15일이다. (fifteenth, April, is)

   →

3. 오후 7시 30분이다. (seven, is, thirty, p.m.)

   →

4. 서울은 날씨가 흐리다. (in Seoul, is, cloudy)

   →

5. 뉴욕은 가을이다. (fall, is, in New York)

   →

6. 9월 23일이다. (twenty-third, September, is)

   →

7. 오전 11시 45분이다. (eleven, a.m., is, forty-five)

   →

8. 지금 몇 시인가요? (what, is, now, time)

   →

9. 오늘 무슨 요일인가요? (day, what, is, today)

   →

10. 오늘 날짜가 며칠인가요? (is, what, the date, today) *10번은 비인칭 주어가 필요하지 않아요.

   →

UNIT 4 지시대명사 this, that

A 다음 영어 단어에는 우리말 뜻을 쓰고, 우리말 뜻에는 영어 단어를 쓰세요.

	단어	우리말 뜻		우리말 뜻	단어
1	balloon		16	얼룩말	
2	bat		17	탑	
3	bottle		18	부모님	
4	clock		19	지도	
5	daughter		20	병원	
6	eraser		21	남편	
7	gift		22	기타	
8	giraffe		23	기린	
9	guitar		24	선물	
10	husband		25	지우개	
11	hospital		26	딸	
12	map		27	시계 (탁상시계나 벽시계)	
13	parents		28	병	
14	tower		29	방망이, 야구 배트	
15	zebra		30	풍선	

$\mathcal{B}$ POINT를 참고하여 우리말 뜻에 맞게 괄호 안에서 알맞은 것을 고르세요.

- **This** is an apple. 지시대명사 this는 가까이 있는 것을 가리킨다. '이것, 이 사람'이라는 뜻이다.
- **That** is my friend. 지시대명사 that은 멀리 있는 것을 가리킨다. '저것, 저 사람'이라는 뜻이다.

1. (This / That) is my lunch box. 이것은 내 도시락이다.

2. (This / That) is a school bus. 저것은 스쿨버스다.

3. (This / That) is Mr. Smith. 이분은 스미스 씨다.

4. (This / That) is a sunflower. 저것은 해바라기다.

5. (This / That) is my phone. 저것은 내 전화기다.

6. (This / That) is my mom. 이분은 우리 엄마다.

7. (This / That) is a butterfly. 저것은 나비다.

8. (This / That) is a concert ticket. 이것은 음악회 티켓이다.

$\mathcal{C}$ POINT를 참고하여 우리말 뜻에 맞게 괄호 안에서 알맞은 것을 고르세요.

- **These** are apples. these는 가까이 있는 것 둘 이상을 가리킨다. '이것들, 이 사람들'이라는 뜻이다.
- **Those** are my friends. those는 멀리 있는 것 둘 이상을 가리킨다. '저것들, 저 사람들'이라는 뜻이다.

1. (This / These) are balloons. 이것들은 풍선이다.

2. (That / Those) are pine trees. 저것들은 소나무다.

3. (These / This) are my brothers. 이 아이들은 내 남동생들이다.

4. (Those / These) are penguins. 저것들은 펭귄이다.

5. (Those / These) are Paul's shoes. 이것들은 폴의 신발이다.

6. (That / Those) are her classmates. 저 아이들은 그녀의 같은 반 친구들이다.

7. (These / This) are Ms. Wilson's books. 이것들은 윌슨 씨의 책이다.

8. (These / Those) are banana pies. 저것들은 바나나 파이다.

D POINT를 참고하여 우리말 뜻에 맞게 괄호 안에서 알맞은 것을 고르세요.

POINT
- **This girl** is my friend Betty.　**That book** is interesting.
  These cats are cute.　**Those flowers** are roses.

  this, that, these, those가 명사 앞에서 '이 ~', '저 ~'라는 의미의 형용사로 쓰이기도 한다. 그럴 때는 지시형용사라고 한다. 단수 명사 앞에는 this, that, 복수 명사 앞에는 these, those를 쓴다.

1. (This / That) bag is mine. 이 가방은 내 것이다.

2. (This / That) car is fast. 저 차는 빠르다.

3. (This / These) shirts are my father's. 이 셔츠들은 우리 아빠의 것이다.

4. (That / Those) trees are apple trees. 저 나무들은 사과나무들이다.

5. (This doll / These dolls) is a Christmas gift from him.
   이 인형은 그에게 받은 크리스마스 선물이다.

6. (That girl / Those girls) are Melanie's friends.
   저 여자아이들은 멜라니의 친구들이다.

7. (These letters / Those letters) are not hers. 이 편지들은 그녀의 것이 아니다.

8. (That people / Those people) are my relatives. 저 사람들은 내 친척들이다.

E 우리말 뜻을 참고하여 빈칸에 알맞은 지시대명사나 지시형용사를 쓰세요.

1. _____ is Jennifer's bag. 이것은 제니퍼의 가방이다.

2. _____ is my brother. 저 아이는 내 남동생이다.

3. _____ are my new shoes. 이것들은 나의 새 신발이다.

4. _____ are his toys. 저것들은 그의 장난감이다.

5. _____ spoon is mine. 이 숟가락은 나의 것이다.

6. _____ animal has long legs. 저 동물은 긴 다리를 갖고 있다.

7. _____ strawberries are sweet. 이 딸기들은 달다.

8. _____ flower pots are my mom's. 저 화분들은 우리 엄마의 것이다.

주어진 단어들과 알맞은 지시대명사나 지시형용사를 써서 우리말과 같은 뜻의 영어 문장을 쓰세요.

1. 이것은 내 가방이다. (bag, is, my)
   → _____

2. 저것은 그의 그림이다. (picture, his, is)
   → _____

3. 이 사람은 내 이웃이다. (my, is, neighbor)
   → _____

4. 저분은 우리 영어 선생님이시다. (is, English teacher, our)
   → _____

5. 이것들은 크리스마스카드다. (cards, are, Christmas)
   → _____

6. 저것들은 우리 엄마의 책이다. (are, books, my mom's)
   → _____

7. 이 볼펜은 내 것이다. (ballpoint pen, mine, is)
   → _____

8. 저 영화는 무척 슬프다. (is, movie, very sad)
   → _____

9. 이 소녀들은 중학생들이다. (girls, middle school students, are)
   → _____

10. 저 별들은 무척 밝다. (stars, very bright, are)
    → _____

UNIT 1 be동사의 긍정문과 부정문

 다음 영어 단어에는 우리말 뜻을 쓰고, 우리말 뜻에는 영어 단어를 쓰세요.

	단어	우리말 뜻		우리말 뜻	단어
1	again		16	틀린, 잘못된	
2	classmate		17	작가	
3	cousin		18	부드러운	
4	famous		19	졸린	
5	fire fighter		20	키가 작은, 짧은	
6	hungry		21	식당	
7	kitchen		22	도서관	
8	late		23	늦은	
9	library		24	주방, 부엌	
10	restaurant		25	배고픈	
11	short		26	소방관	
12	sleepy		27	유명한	
13	soft		28	사촌	
14	writer		29	같은 반 친구	
15	wrong		30	또, 다시	

B POINT를 참고하여 빈칸에 알맞은 be동사를 쓰세요.

- **I am** 11 years old.　　**You are** pretty today.　　**She is** my aunt.

be동사는 '~이다', '(~에) 있다', '(상태가) ~하다'라는 뜻의 동사다. 주어가 I일 때는 am을, He / She / It / This / That, 단수 명사일 때는 is를, You / We / They / These / Those, 복수 명사일 때는 are를 쓴다.

1. I _____ a farmer. 나는 농부다.

2. You _____ kind to people. 너는 사람들에게 친절하다.

3. He _____ our science teacher. 그분은 우리 과학 선생님이시다.

4. We _____ in the library. 우리는 도서관에 있다.

5. They _____ close friends. 그들은 친한 친구들이다.

6. I _____ 12 years old. 나는 열두 살이다.

7. She _____ a famous singer. 그녀는 유명한 가수다.

8. This _____ my new sweater. 이것은 나의 새 스웨터다.

C POINT를 참고하여 빈칸에 알맞은 be동사를 쓰세요.

- **Kevin is** a soccer player.　　**The men are** soccer players.

주어가 단수 명사일 때는 is를 쓰고, 복수 명사일 때는 are를 쓴다.
- **The ice is** cold. ┃ 셀 수 없는 명사는 단수로 취급하므로 is를 쓴다.

1. My dad _____ a cook. 우리 아빠는 요리사이시다.

2. A bear _____ big. 곰은 (몸집이) 크다.

3. My sisters _____ at home. 내 여동생들은 집에 있다.

4. This ice cream _____ very cold. 이 아이스크림은 무척 차갑다.

5. Amy and Paul _____ schoolmates. 에이미와 폴은 같은 학교 친구다.

6. The children _____ in the playground. 그 아이들은 운동장에 있다.

7. The student _____ very smart. 그 학생은 매우 똑똑하다.

8. The socks _____ dirty. 그 양말은 더럽다.

D POINT를 참고하여 괄호 안에서 알맞은 것을 고르세요.

1. I (is not / am not) hungry. 나는 배고프지 않다.

2. You (is not / are not) alone. 너는 혼자가 아니다.

3. He (is not / are not) American. 그는 미국인이 아니다.

4. That (isn't / aren't) my dog. 저것은 내 개가 아니다.

5. We (isn't / aren't) in the classroom. 우리는 교실에 있지 않다.

6. It (isn't / aren't) cold today. 오늘은 춥지 않다.

7. Logan (isn't / aren't) short. 로건은 키가 작지 않다.

8. The cats (is not / are not) on the bed. 그 고양이들은 침대에 있지 않다.

E 긍정문은 부정문으로, 부정문은 긍정문으로 바꿔 쓸 때 빈칸에 알맞은 표현을 쓰세요.

1. I am in Paris.　　　　　　　→ I _____ in Paris.

2. You are so cute.　　　　　　→ You _____ so cute.

3. Sally is sick.　　　　　　　　→ Sally _____ sick.

4. We are sleepy.　　　　　　　→ We _____ sleepy.

5. They are doctors.　　　　　　→ They _____ doctors.

6. This is not a comedy.　　　　→ This _____ a comedy.

7. He isn't late today.　　　　　→ He _____ late today.

8. The girls aren't in the yard.　→ The girls _____ in the yard.

9. It isn't his tie.　　　　　　　→ It _____ his tie.

10. The man isn't a clerk.　　　→ The man _____ a clerk.

주어진 단어들과 알맞은 be동사를 써서 우리말과 같은 뜻의 영어 문장을 쓰세요.

1. 나는 행복하다. (happy, I)

    →

2. 데이비드는 유튜버다. (David, a YouTuber)

    →

3. 그것은 나의 스마트폰이다. (it, smartphone, my)

    →

4. 우리는 대니의 집에 있다. (we, Danny's house, at)

    →

5. 그들은 샌디의 부모님이다. (parents, they, Sandy's)

    →

6. 나는 어린아이가 아니다. (I, a child, not)

    →

7. 너는 내 친구가 아니다. (my friend, you, not)

    →

8. 오늘은 덥지 않다. (not, it, hot, today)

    →

9. 그 소년은 게으르지 않다. (the boy, not, lazy)

    →

10. 그들은 고등학생이 아니다. (not, high school students, they)

    →

UNIT 2 be동사의 의문문

A 다음 영어 단어에는 우리말 뜻을 쓰고, 우리말 뜻에는 영어 단어를 쓰세요.

	단어	우리말 뜻		우리말 뜻	단어
1	bathroom		16	바이올린	
2	beach		17	거실	
3	brave		18	친절한	
4	China		19	독일	
5	classroom		20	개구리	
6	dirty		21	들판	
7	engineer		22	살찐	
8	England		23	잉글랜드, 영국	
9	fat		24	기사, 수리공, 엔지니어	
10	field		25	더러운	
11	frog		26	교실	
12	Germany		27	중국	
13	kind		28	용감한	
14	living room		29	해변, 바닷가	
15	violin		30	욕실	

B POINT를 참고하여 괄호 안에서 알맞은 것을 고르세요.

> **POINT**
>
> • **Are you** cold?　　**Is she** your neighbor?
>
> be동사의 의문문은 be동사를 주어 앞에 쓰고 문장 끝에 물음표를 쓴다.
> '~인가요?', '(~에) 있나요?', '(상태가) ~한가요?'라는 뜻이다.

1. (Am / Are / Is) you hungry? 너 배고파?

2. (Am / Are / Is) the woman a writer? 그 여성은 작가예요?

3. (Am / Are / Is) that a butterfly? 저건 나비예요?

4. (Am / Are / Is) Peter a fourth grader? 피터는 4학년인가요?

5. (Am / Are / Is) they at the amusement park? 그들은 놀이공원에 있나요?

6. (Am / Are / Is) you Johnny's brother? 네가 조니의 남동생이니?

7. (Am / Are / Is) the oranges sweet? 그 오렌지들은 달아요?

C POINT를 참고하여 질문에 대한 대답으로 알맞은 것을 고르세요.

> **POINT**
>
> • Are you 10 years old?　----- **Yes, I am.**
>
> Is John your cousin?　----- **No, he isn't.**
>
> be동사 의문문의 대답은 Yes, No로 하고, 그 뒤에 주어와 be동사를 쓴다. 질문에서 you는 대답에서 I로, I는 you로, 남성 단수 명사는 he로, 여성 단수 명사는 she로, this/that/사물이나 동물을 가리키는 단수 명사는 it으로, these/those/복수 명사는 they로 한다.

1. Is this your bag? 이거 네 가방이야?

   (a) Yes, it is.　　　(b) No, it is.

2. Is Nelly home today? 넬리가 오늘 집에 있나요?

   (a) Yes, Nelly is.　　(b) No, she isn't.

3. Are you sleepy? 너 졸리니?

   (a) Yes, you are.　　(b) Yes, I am.

4. Are the shoes yours? 그 신발 네 거야?

   (a) Yes, they are.　　(b) No, you aren't.

D 각 문장을 의문문으로 바꿀 때 빈칸에 알맞은 표현을 쓰세요.

1. **You are Canadian.** 너는 캐나다 사람이다.

   → _____ Canadian?

2. **Mr. Anderson is a teacher.** 앤더슨 씨는 교사다.

   → _____ a teacher?

3. **The little girl is Andy's sister.** 그 어린 여자아이는 앤디의 여동생이다.

   → _____ Andy's sister?

4. **India is an Asian country.** 인도는 아시아 국가다.

   → _____ an Asian country?

5. **They are always happy.** 그들은 항상 행복하다.

   → _____ always happy?

6. **The children are in the classroom.** 그 아이들은 교실에 있다.

   → _____ in the classroom?

E 질문에 대한 대답을 완성하세요.

1. **Are you angry?**
   너 화났니?

   ----- No, _____ .

2. **Is this your pencil case?**
   이거 네 필통이야?

   ----- Yes, _____ .

3. **Is Tommy American?**
   토미는 미국인인가요?

   ----- No, _____ .

4. **Is your mother at home?**
   당신의 어머니는 집에 계신가요?

   ----- Yes, _____ .

5. **Are the apples sweet?**
   그 사과들은 달아요?

   ----- Yes, _____ .

6. **Are these Sarah's shoes?**
   이것들은 사라의 신발인가요?

   ----- No, _____ .

F 각 문장을 의문문으로 바꿔 쓰세요.

1. You are Fred's sister. 너는 프레드의 누나다.

→ _____

2. He is in the kitchen. 그는 주방에 있다.

→ _____

3. The movie is funny. 그 영화는 웃기다.

→ _____

4. The tigers are in the zoo. 호랑이들이 동물원에 있다.

→ _____

5. Joe and Michelle are in the library. 조와 미셸은 도서관에 있다.

→ _____

Challenge!

G 주어진 단어들과 알맞은 be동사를 써서 우리말과 같은 뜻의 영어 문장을 쓰세요.

1. 네가 줄리아의 여동생이니? (you, sister, Julia's)

→ _____

2. 그분이 네 아버지이시니? (your, he, father)

→ _____

3. 이것이 그녀의 재킷인가요? (her, this, jacket)

→ _____

4. 그들이 지금 배고픈가요? (they, hungry, now)

→ _____

5. 그 유리잔들이 찬장에 있나요? (in, the glasses, the cupboard)

→ _____

UNIT 3 There is, There are

A 다음 영어 단어에는 우리말 뜻을 쓰고, 우리말 뜻에는 영어 단어를 쓰세요.

	단어	우리말 뜻		우리말 뜻	단어
1	bakery		16	어린, 젊은	
2	basket		17	벽	
3	bookstore		18	읍, (소)도시	
4	bridge		19	강	
5	countryside		20	경찰서	
6	duck		21	접시	
7	market		22	그림	
8	mountain		23	산	
9	picture		24	시장	
10	plate		25	오리	
11	police station		26	시골	
12	river		27	다리	
13	town		28	서점	
14	wall		29	바구니	
15	young		30	빵집	

B POINT를 참고하여 괄호 안에서 알맞은 것을 고르세요.

POINT

• **There is a bird** in the tree.　　**There are ducks** in the river.

There is ~, There are ~는 '~가 있다'라는 뜻이다.
There is 뒤에는 단수 명사, There are 뒤에는 복수 명사를 쓴다. 여기서 There는 해석하지 않는다.

1. There (is / are) a flower. 꽃이 한 송이 있다.

2. There (is / are) books on the table. 탁자 위에 책들이 있다.

3. There (is / are) a horse in the field. 들판에 말이 한 마리 있다.

4. There (is / are) two girls in the room. 방에 여자아이가 두 명 있다.

5. There (is / are) some water in the glass. 유리잔에 물이 좀 있다.

C POINT를 참고하여 우리말과 같은 뜻이 되도록 괄호 안에서 알맞은 것을 고르세요.

POINT

• **There is not** a bird in the tree.
There are not any ducks in the river.

'~가 없다'라는 뜻의 부정문은 There is/are 뒤에 not을 써서 만든다.

1. 책상 위에 전화가 있다.
　→ There (is / is not) a phone on the desk.

2. 탁자 밑에 개가 없다.
　→ There (is / is not) a dog under the table.

3. 내 방에는 달력이 없다.
　→ There (not is / is not) a calendar in my room.

4. 공원에 사람들이 많이 있다.
　→ There (are / are not) many people in the park.

5. 그의 마당에는 나무가 많지 않다.
　→ There (are not / is not) many trees in his yard.

D POINT를 참고하여 우리말과 같은 뜻이 되도록 괄호 안에서 알맞은 것을 고르세요.

- **Is there** a bird in the tree? ---- Yes, **there is.** / No, **there isn't.**
  Are there ducks in the river? ---- Yes, **there are.** / No, **there aren't.**
  '~가 있나요?'라는 뜻의 의문문은 There와 be동사의 순서를 바꿔서 만든다. 대답은 Yes/No로 한다.

1. 네 방에 책상이 있니?
→ (There is / Is there) a desk in your room?

2. 운동장에 학생들이 있나요?
→ (Is there / Are there) students in the playground?

3. A: 그 도시에 동물원이 있나요?　　　→ A: Is there a zoo in the city?
B: 아뇨, 없어요.　　　　　　　　　→ B: No, (there is / there isn't).

4. A: 그 공원에 벤치가 있나요?　　　→ A: Are there benches in the park?
B: 네, 있어요.　　　　　　　　　　→ B: Yes, (there are / there aren't).

E 질문에 대한 대답을 완성하세요.

1. A: Is there a window in the room? 그 방에 창이 있나요?
B: No, _____.

2. A: Is there a mountain in your town? 당신 도시에 산이 있나요?
B: Yes, _____.

3. A: Are there any small boxes? 작은 상자들이 있나요?
B: No, _____.

F 우리말 뜻을 참고하여 빈칸에 알맞은 단어들을 쓰세요.

1. _____ a sofa in the living room. 거실에 소파가 하나 있다.

2. _____ seven children. 아이들이 일곱 명 있다.

3. _____ many people at the market. 시장에 사람들이 많지 않다.

4. _____ tulips in the garden? 정원에 튤립이 있나요?

G 우리말 뜻을 참고하여 틀린 부분을 바르게 고쳐 문장을 다시 쓰세요.

1. **There is three chairs.** 의자가 세 개 있다.

   → _____

2. **There are a piece of pizza.** 피자가 한 조각 있다.

   → _____

3. **There not is a round table.** 둥근 탁자가 없다.

   → _____

4. **Do there is a mirror on the wall?** 벽에 거울이 있나요?

   → _____

5. **Is there balls in the box?** 상자 안에 공들이 있나요?

   → _____

Challenge!

H 주어진 단어들과 there be 표현을 써서 우리말과 같은 뜻의 영어 문장을 쓰세요.

1. 언덕 위에 교회가 있다. (a church, on the hill)

   → _____

2. 내 가방 안에 책이 두 권 있다. (in my bag, two books)

   → _____

3. 내 방에는 침대가 없다. (in my room, a bed)

   → _____

4. 이 마을에 경찰서가 있나요? (a police station, in this village)

   → _____

5. 침대 위에 베개들이 있나요? (on the bed, pillows)

   → _____

UNIT 1 일반동사의 긍정문

 A 다음 영어 단어에는 우리말 뜻을 쓰고, 우리말 뜻에는 영어 단어를 쓰세요.

	단어	우리말 뜻		우리말 뜻	단어
1	catch		16	일하다	
2	cry		17	씻다	
3	draw		18	걷다	
4	eat		19	가르치다	
5	get up		20	읽다	
6	hate		21	통과하다	
7	homework		22	열다	
8	newspaper		23	신문	
9	open		24	숙제	
10	pass		25	싫어하다	
11	read		26	일어나다	
12	teach		27	먹다	
13	walk		28	(선으로 그림을) 그리다	
14	wash		29	울다	
15	work		30	잡다	

B POINT를 참고하여 각 문장에서 일반동사에 동그라미 하세요. (일반동사가 없는 문장에는 ✕ 표시 하세요.)

1. I do my homework. 나는 숙제를 한다.

2. She is Sally's cousin. 그녀는 샐리의 사촌이다.

3. Giraffes have long necks. 기린은 목이 길다.

4. We eat breakfast every day. 우리는 매일 아침을 먹는다.

5. They are classmates. 그들은 같은 반 친구다.

6. Tom and Harry go to middle school. 톰과 해리는 중학교에 다닌다.

7. The boys play soccer every Saturday. 그 남자아이들은 토요일마다 축구를 한다.

C POINT를 참고하여 괄호 안에서 알맞은 것을 고르세요.

1. She (want / wants) a doll. 그녀는 인형을 원한다.

2. My dad (have / has) a blue car. 우리 아빠는 파란색 차가 있다.

3. Annie (study / studies) math every day. 애니는 매일 수학을 공부한다.

4. He (play / plays) baseball on weekends. 그는 주말에 야구를 한다.

5. My sister (wash / washes) her hair every day. 우리 언니는 매일 머리를 감는다.

6. The girl (do / does) her homework before dinner.
그 여자아이는 저녁식사 전에 숙제를 한다.

D 주어진 동사의 알맞은 형태를 빈칸에 넣어 문장을 완성하세요.

1. My father _____ at a bank. (work)
   우리 아버지는 은행에서 일하신다.

2. An airplane _____ very fast. (fly)
   비행기는 매우 빨리 난다.

3. Mr. Williams _____ English. (teach)
   윌리엄스 선생님은 영어를 가르치신다.

4. They _____ lunch at twelve thirty. (eat)
   그들은 12시 30분에 점심을 먹는다.

5. Sumin _____ pictures every day. (draw)
   수민이는 매일 그림을 그린다.

6. He _____ the dishes after dinner. (wash)
   그는 저녁 식사 후에 설거지를 한다.

7. Olivia _____ a Korean friend. (have)
   올리비아는 한국인 친구가 한 명 있다.

8. My mom _____ hiking every Sunday. (go)
   우리 엄마는 매주 일요일에 등산을 가신다.

9. Michael _____ in his diary before bed. (write)
   마이클은 자기 전에 일기를 쓴다.

10. The girls _____ badminton after school. (play)
    그 여자아이들은 수업이 끝난 후에 배드민턴을 친다.

E 괄호 안에서 알맞은 것을 골라 문장을 완성하세요.

1. _____ closes the door. (You / He)

2. _____ eat carrots. (A rabbit / Rabbits)

3. _____ makes a snowman every winter. (She / They)

4. _____ borrows a book. (My sister / My sisters)

5. _____ know the answer. (The child / The children)

주어진 단어들을 써서 우리말과 같은 뜻의 영어 문장을 쓰세요. (필요한 경우 동사의 형태를 알맞게 바꾸세요.)

1. 나는 매일 책을 읽는다. (read, books, I, every day)
   → _____

2. 폴은 많은 것을 안다. (Paul, many, know, things)
   → _____

3. 그 탁자는 다리가 네 개다. (legs, the table, four, have)
   → _____

4. 그는 매일 2시간씩 걷는다. (he, every day, walk, for two hours)
   → _____

5. 그들은 함께 보드게임을 한다. (they, together, board games, play)
   → _____

6. 그녀는 주말에 수학을 공부한다. (she, math, on weekends, study)
   → _____

7. 그 아기는 하루에 18시간을 잔다. (the baby, a day, sleep, 18 hours)
   → _____

8. 그녀는 아침에 머리를 감는다. (she, her hair, wash, in the morning)
   → _____

9. 그들은 학교에서 세계사를 배운다. (world history, learn, at school, they)
   → _____

10. 루나는 아침 8시에 학교에 간다. (at 8 in the morning, Luna, go to school)
    → _____

UNIT 2 일반동사의 부정문

 A 다음 영어 단어에는 우리말 뜻을 쓰고, 우리말 뜻에는 영어 단어를 쓰세요.

	단어	우리말 뜻		우리말 뜻	단어
1	a lot		16	사실, 진실	
2	answer		17	말하다	
3	chicken		18	멈추다, 서다	
4	climb		19	역	
5	drive		20	눈이 오다; 눈	
6	hiking		21	바다	
7	late		22	비가 오다; 비	
8	own		23	자신의	
9	rain		24	늦게	
10	sea		25	등산	
11	snow		26	운전하다	
12	station		27	오르다	
13	stop		28	닭고기	
14	tell		29	정답, 대답	
15	truth		30	많이	

B POINT를 참고하여 괄호 안에서 알맞은 것을 고르세요.

POINT

- I **live** in Seoul. → I **don't live** in Seoul.

She **has** a brother. → She **doesn't have** a brother.

'~하지 않는다'라는 뜻인 일반동사의 부정문은 일반동사 앞에 do not이나 does not을 써서 만든다.
주어가 I/You/We/They/복수 명사일 때는 do not을, He/She/It/단수 명사일 때는 does not을 쓴다.

1. I (do not / does not) like winter. 나는 겨울을 좋아하지 않는다.

2. You (do not / does not) have your own room. 너는 네 방이 없다.

3. He (do not / does not) know me. 그는 나를 모른다.

4. My mom (do not / does not) like meat. 우리 엄마는 고기를 좋아하지 않으신다.

5. We (do not / does not) play the piano at home. 우리는 집에서 피아노를 치지 않는다.

6. They (do not / does not) believe her. 그들은 그녀를 믿지 않는다.

7. Mr. Lee (do not / does not) teach math. 이 선생님은 수학을 가르치지 않으신다.

8. They (do not / does not) grow roses in their garden. 그들은 정원에서 장미를 키우지 않는다.

C 빈칸에 don't나 doesn't를 넣어 부정문을 완성하세요.

1. I _____ like summer. 나는 여름을 좋아하지 않는다.

2. He _____ live in a city. 그는 도시에 살지 않는다.

3. Jennifer _____ watch TV. 제니퍼는 TV를 보지 않는다.

4. He _____ look happy today. 그는 오늘 기분이 좋아 보이지 않는다.

5. The dog _____ walk on rainy days.
그 개는 비 오는 날에는 산책을 하지 않는다.

6. We _____ go swimming on Sundays.
우리는 일요일에 수영을 하러 가지 않는다.

7. You _____ know his phone number.
너는 그의 전화번호를 모른다.

8. Katie and Tony _____ study at the library.
케이티와 토니는 도서관에서 공부하지 않는다.

D 빈칸에 알맞은 말을 써서 주어진 문장을 부정문으로 바꾸세요.

1. I like animals. 나는 동물을 좋아한다.

   → I _____ animals.

2. My mom gets up at 7. 우리 엄마는 7시에 일어나신다.

   → My mom _____ up at 7.

3. They eat dinner at home. 그들은 집에서 저녁을 먹는다.

   → They _____ dinner at home.

4. The boys go to the gym together. 그 남자아이들은 함께 체육관에 간다.

   → The boys _____ to the gym together.

5. Jay visits his grandparents every month. 제이는 매달 할아버지 할머니를 찾아뵌다.

   → Jay _____ his grandparents every month.

E 우리말 뜻을 참고하여 틀린 부분을 찾아 바르게 고치세요.

1. I know not the boy's name. 나는 그 남자아이의 이름을 모른다.

   _____ → _____

2. Mike not cleans his room. 마이크는 자기 방을 청소하지 않는다.

   _____ → _____

3. The girls doesn't speak in English. 그 여자아이들은 영어로 말을 하지 않는다.

   _____ → _____

4. My dad don't listen to music at home. 우리 아빠는 집에서 음악을 듣지 않으신다.

   _____ → _____

5. Chris and Irene doesn't go to high school. 크리스와 아이린은 고등학교에 다니지 않는다.

   _____ → _____

각 문장을 부정문으로 바꿔 쓰세요.

1. I eat breakfast at seven thirty. 나는 7시 30분에 아침을 먹는다.

→ _____

2. The animal eats vegetables. 그 동물은 채소를 먹는다.

→ _____

3. Jimmy goes to school by bus. 지미는 버스를 타고 학교에 간다.

→ _____

4. She washes her face every night. 그녀는 매일 밤 세수를 한다.

→ _____

5. The girls do their homework together. 그 여자아이들은 함께 숙제를 한다.

→ _____

Challenge!

G 주어진 단어들과 don't나 doesn't를 써서 우리말과 같은 뜻의 영어 문장을 쓰세요.

1. 나는 일찍 자지 않는다. (I, early, go to bed)

→ _____

2. 그는 축구를 하지 않는다. (he, soccer, play)

→ _____

3. 지수는 우유를 마시지 않는다. (milk, Jisu, drink)

→ _____

4. 그녀는 영화를 좋아하지 않는다. (like, she, movies)

→ _____

5. 그들은 토요일에 학교에 가지 않는다. (they, on Saturdays, go to school)

→ _____

UNIT 3 일반동사의 의문문

A 다음 영어 단어에는 우리말 뜻을 쓰고, 우리말 뜻에는 영어 단어를 쓰세요.

	단어	우리말 뜻		우리말 뜻	단어
1	breakfast		16	축구	
2	class		17	치마	
3	clean		18	언니, 누나, 여동생	
4	dinner		19	시소	
5	ear		20	영화	
6	early		21	고기	
7	grape		22	점심 식사	
8	here		23	여기에	
9	lunch		24	포도	
10	meat		25	일찍	
11	movie		26	귀	
12	seesaw		27	저녁 식사	
13	sister		28	청소하다	
14	skirt		29	수업	
15	soccer		30	아침 식사	

POINT를 참고하여 괄호 안에서 알맞은 것을 고르세요.

- **Do** you **have** a sister?

  '~하나요?, ~하니?'라는 뜻의 일반동사의 의문문은 Do나 Does를 주어 앞에 쓰고 주어 뒤에 동사원형을 써서 만든다.

- **Does** she **go** to your school?

  주어가 3인칭 단수(he, she, it, this, that, 단수 명사 등)일 때 Does를 쓴다.

1. (Are you / Do you) like sports? 너 스포츠 좋아하니?

2. (Do you / You do) need a spoon? 너 숟가락 필요하니?

3. (Do they / Does they) have a car? 그들은 자동차가 있나요?

4. (Do your dog / Does your dog) drink milk? 당신의 개는 우유를 마시나요?

5. (Are they / Do they) play baseball? 그들은 야구를 하나요?

6. (Do they / Does they) go to kindergarten? 그들은 유치원에 다니나요?

7. (Do Tony / Does Tony) hate cucumbers? 토니는 오이를 싫어하나요?

8. (Do the sun / Does the sun) rise in the east? 해가 동쪽에서 뜨나요?

C POINT를 참고하여 질문에 대한 대답으로 알맞은 것을 고르세요.

- **Do** you **study** history? ----- **Yes**, I **do**. / **No**, I **don't**.

  일반동사 의문문의 대답은 Yes 또는 No로 한다.
  긍정의 대답은 <Yes, 주어+do/does.>로, 부정의 대답은 <No, 주어+don't/doesn't.>로 한다.

1. Do you need time? ----- (Yes, I need. / Yes, I do.)
   너 시간이 필요하니?

2. Does he remember you? ----- (No, he isn't. / No, he doesn't.)
   그가 너를 기억하니?

3. Do they live here? ----- (Yes, they live. / Yes, they do.)
   그들이 여기 사나요?

4. Does she use chopsticks? ----- (Yes, she does. / Yes, she is.)
   그녀가 젓가락을 사용하나요?

5. Do the boys go swimming? ----- (No, they do. / No, they don't.)
   그 남자아이들은 수영을 가나요?

D 빈칸에 알맞은 말을 써서 일반동사 현재형의 질문과 대답을 완성하세요.

1. A: _____ you ride a bike? 너는 자전거를 타니?

   B: Yes, _____ _____.

2. A: _____ Cathy like summer? 캐시는 여름을 좋아하니?

   B: Yes, _____ _____.

3. A: _____ cows eat meat? 암소들은 고기를 먹나요?

   B: No, _____ _____.

4. A: _____ your dad get up early? 너희 아빠는 일찍 일어나시니?

   B: Yes, _____ _____.

5. A: _____ John often read webtoons? 존은 자주 웹툰을 보나요?

   B: No, _____ _____.

E 우리말 뜻을 참고하여 틀린 부분을 찾아 바르게 고치세요.

1. Do Julia eat chicken? 줄리아는 닭고기를 먹나요?

   _____ → _____

2. Are you need a new bag? 너는 새 가방이 필요하니?

   _____ → _____

3. Does he eats lunch at school? 그는 학교에서 점심을 먹나요?

   _____ → _____

4. Does they watch movies at home? 그들은 집에서 영화를 보나요?

   _____ → _____

5. Is the child like the toy? 그 아이는 그 장난감을 좋아하나요?

   _____ → _____

F 각 문장을 의문문으로 바꿔 쓰세요.

1. **You eat dinner at home.** 너는 집에서 저녁을 먹는다.
   → _____

2. **He studies in America.** 그는 미국에서 공부한다.
   → _____

3. **Her daughter likes K-pop.** 그녀의 딸은 K-팝을 좋아한다.
   → _____

4. **Mr. Kim wears glasses.** 김 선생님은 안경을 쓰신다.
   → _____

5. **The children go skiing with their parents.** 그 아이들은 부모님과 함께 스키를 타러 간다.
   → _____

Challenge!

G 주어진 단어들과 Do나 Does를 써서 우리말과 같은 뜻의 영어 문장을 쓰세요.

1. 너는 모바일 게임을 하니? (play, you, mobile games)
   → _____

2. 앤디는 피자를 좋아하나요? (like, Andy, pizza)
   → _____

3. 그녀는 매일 방을 청소하나요? (clean her room, she, every day)
   → _____

4. 그는 매일 아침 조깅을 하나요? (every morning, he, go jogging)
   → _____

5. 그들은 오후에 산책을 하나요? (take a walk, in the afternoon, they)
   → _____

UNIT 1 형용사의 쓰임과 종류

 다음 영어 단어에는 우리말 뜻을 쓰고, 우리말 뜻에는 영어 단어를 쓰세요.

	단어	우리말 뜻		우리말 뜻	단어
1	angry		16	문제, 질문	
2	beautiful		17	슬픈	
3	busy		18	부유한	
4	cold		19	새로운	
5	deep		20	(길이가) 긴	
6	difficult		21	게으른	
7	honest		22	큰	
8	interesting		23	재미있는	
9	large		24	정직한	
10	lazy		25	어려운	
11	long		26	깊은	
12	new		27	차가운, 추운	
13	rich		28	바쁜	
14	sad		29	아름다운	
15	question		30	화난	

B POINT를 참고하여 각 문장에서 형용사에 동그라미 하세요.

POINT

- **big, long** (크기, 모양)   **good, new, cold** (상태, 성질)
  happy, kind (기분, 성격)   **white** (색깔)   **sunny** (날씨)   **sweet** (맛)
  형용사는 명사의 모양, 상태, 성질, 기분 등을 가리키는 말이다.

1. The baby is cute. 그 아기는 귀엽다.

2. This cake is delicious. 이 케이크는 맛있다.

3. I have a black cap. 나는 검은색 모자가 있다.

4. It is a beautiful song. 그것은 아름다운 노래다.

5. This problem is difficult. 이 문제는 어렵다.

6. Ms. Smith is very kind. 스미스 씨는 매우 친절하다.

7. Look at that white horse. 저 흰색 말 좀 봐.

8. This lake is deep. 이 호수는 깊다.

C POINT를 참고하여 각 문장에서 형용사에 동그라미 하고, 형용사가 꾸미는 명사에 밑줄을 그으세요.

POINT

- It is a **funny** movie.
  형용사는 명사 앞에서 명사를 꾸며준다.

1. The boy has big eyes. 그 남자아이는 눈이 크다.

2. There are old buildings. 오래된 건물들이 있다.

3. Emma is an honest girl. 에마는 정직한 여자아이이다.

4. An elephant has a long nose. 코끼리는 코가 길다.

5. She can't eat spicy food. 그녀는 매운 음식을 못 먹는다.

6. He is a new student in our class. 그는 우리 반에 새로 온 학생이다.

7. There is a pink rose in the vase. 꽃병에 분홍색 장미가 한 송이 있다.

8. My grandfather has a large dog. 우리 할아버지는 큰 개를 키우신다.

D POINT를 참고하여 각 문장에서 형용사에 동그라미 하고 형용사가 설명하는 주어에 밑줄을 그으세요.

- The flower is **pretty.**

형용사는 be동사 뒤에서 앞에 있는 주어를 설명해준다.

1. My brother is tall. 내 남동생은 키가 크다.

2. Kelly is beautiful. 켈리는 아름답다.

3. This TV show is funny. 이 TV 프로그램은 웃기다.

4. Nick's hair is long. 닉의 머리는 길다.

5. The child is lazy. 그 아이는 게으르다.

6. The table is heavy. 그 탁자는 무겁다.

7. This book is really interesting. 이 책은 정말 재미있다.

8. Mr. Thomson is always busy. 톰슨 씨는 늘 바쁘다.

E 우리말 뜻을 참고하여 괄호 안에서 알맞은 표현을 고르세요.

1. The train (fast is / is fast).
   그 기차는 빠르다.

2. I like (rainy days / days rainy).
   나는 비 오는 날을 좋아한다.

3. I want a (new bag / bag new).
   나는 새 가방을 갖고 싶다.

4. This movie (is sad / sad is).
   이 영화는 슬프다.

5. She has a (shirt blue / blue shirt).
   그녀는 파란 셔츠가 있다.

6. The (lady old / old lady) is always kind.
   그 노부인은 항상 친절하다.

7. (Big a picture / A big picture) is on the wall.
   벽에 큰 그림이 있다.

F 주어진 형용사를 알맞은 자리에 넣어 문장을 다시 쓰세요.

1. He wants water. (cold)

   →

2. I like weather. (cloudy)

   →

3. Whales are animals. (big)

   →

4. This is a laptop computer. (new)

   →

5. There are stars in the sky. (bright)

   →

Challenge!

G 형용사의 위치에 유의하여 주어진 단어들을 바르게 배열하여 우리말과 같은 뜻이 되도록 문장을 완성하세요.

1. 내 손은 깨끗하다. (my hands / clean / are / .)

   →

2. 나는 재미있는 친구가 있다. (have / a funny / I / friend / .)

   →

3. 그 아기는 졸리다. (is / sleepy / the baby / .)

   →

4. 그녀는 검정색 장갑을 원한다. (gloves / wants / she / black / .)

   →

5. 그 남자는 무척 화가 났다. (angry / the man / very / is / .)

   →

UNIT 2 many, much, a lot of, some, any, a few, a little

A 다음 영어 단어에는 우리말 뜻을 쓰고, 우리말 뜻에는 영어 단어를 쓰세요.

	단어	우리말 뜻		우리말 뜻	단어
1	butter		16	마당	
2	clothes		17	장난감	
3	farm		18	거리, 도로	
4	ice		19	선반	
5	jeans		20	지붕	
6	money		21	쌀, 밥	
7	oil		22	넣다, 놓다, 두다	
8	people		23	사람들	
9	put		24	기름	
10	rice		25	돈	
11	roof		26	청바지, 데님 바지	
12	shelf		27	얼음	
13	street		28	농장	
14	toy		29	옷	
15	yard		30	버터	

B POINT를 참고하여 괄호 안에서 알맞은 것을 고르세요.

POINT

- I have **many pencils.**   We don't have **much time.**
  I have **a lot of pencils.**   She drinks **a lot of coffee.**

  many, much, a lot of는 '많은'이라는 뜻이다.
  many는 셀 수 있는 명사의 복수형 앞에 쓰고, much는 셀 수 없는 명사 앞에 쓴다(much는 긍정문에 잘 안 쓴다).
  a lot of는 셀 수 있는 명사와 셀 수 없는 명사 앞에 모두 쓸 수 있다.

1. My mom has (many / much) books. 우리 엄마는 책이 많다.

2. He puts (many / a lot of) sugar in his tea. 그는 차에 설탕을 많이 넣는다.

3. Tommy eats (many / much) hamburgers. 토미는 햄버거를 많이 먹는다.

4. There is not (many / much) snow in this city. 이 도시에는 눈이 많이 오지 않는다.

5. There are (many / much) towers in the temple. 그 절에 탑이 많이 있다.

6. (A lot of / Much) people are at the amusement park. 놀이공원에 사람들이 많이 있다.

C POINT를 참고하여 괄호 안에서 알맞은 것을 고르세요.

POINT

- She has **some money.**

  some과 any는 '약간의, 몇몇의, 조금의'라는 뜻으로, 셀 수 있는 명사의 복수형이나 셀 수 없는 명사 앞에 쓴다.
  긍정문에는 some을 쓴다.

- He doesn't have **any money.**   Do you have **any money?**

  부정문과 의문문에는 any를 쓴다. 부정문에서 any는 '전혀/조금도 (~아니다)'라는 뜻이다.

1. There are (some / any) birds. 새가 몇 마리 있다.

2. He doesn't know (some / any) foreigners. 그는 외국인을 아무도 모른다.

3. (Some / Any) children are in the gym. 아이들 몇 명이 체육관에 있다.

4. I don't have (some / any) skirts. 나는 치마가 없다.

5. Are there (some / any) doctors here? (혹시) 여기 의사가 계신가요?

6. I eat (some / any) salad in the morning. 나는 아침에 샐러드를 조금 먹는다.

7. The girl has (some / any) chocolate cookies. 그 여자아이는 초콜릿 쿠키를 몇 개 가지고 있다.

D POINT를 참고하여 괄호 안에서 알맞은 것을 고르세요.

- There are **a few people**.   She has **a little money**.

  a few와 a little은 '조금의, 몇몇의, 약간의'라는 뜻으로, a few는 셀 수 있는 명사의 복수형 앞에서 그것이 조금 있음을 나타내고, a little은 셀 수 없는 명사 앞에서 그것이 조금 있음을 나타낸다.

- There are **few people**.   She has **little money**.

  a를 뺀 few와 little은 '거의 없는'이라는 뜻이다.

1. We have (a few / a little) potatoes. 우리는 감자가 몇 개 있다.

2. I eat (a few / a little) bread for breakfast. 나는 아침에 빵을 조금 먹는다.

3. The boy has (a few / a little) money. 그 남자아이는 돈이 조금 있다.

4. There are (a few / a little) cats in the park. 공원에 고양이가 몇 마리 있다.

5. She needs (a few / a little) time. 그녀는 시간이 조금 필요하다.

6. Put (a few / a little) salt in the soup. 수프에 소금을 조금 넣어라.

E 우리말과 같은 뜻이 되도록 빈칸에 many, much, any, a few, a little 중 알맞은 것을 쓰세요.

1. 그 아이는 장난감이 많다.

   → The child has _____ toys.

2. 나는 사촌이 없다.

   → I don't have _____ cousins.

3. 돈 좀 있어요?

   → Do you have _____ money?

4. 나는 영어를 조금 해요.

   → I speak _____ English.

5. 그는 아이스크림을 너무 많이 먹는다.

   → He eats too _____ ice cream.

6. 우리 집에는 의자가 몇 개 있다.

   → There are _____ chairs in my house.

주어진 단어들을 써서 우리말과 같은 뜻의 영어 문장을 쓰세요. (필요한 단어들을 추가하세요.)

1. 나는 많은 책을 가지고 있다. (many, books)

    →　＿＿＿＿＿＿＿＿＿＿＿＿＿＿＿＿＿＿＿＿＿＿＿＿＿＿＿

2. 그녀는 취미가 몇 가지 있다. (a few, hobbies)

    →　＿＿＿＿＿＿＿＿＿＿＿＿＿＿＿＿＿＿＿＿＿＿＿＿＿＿＿

3. 나는 질문이 없어요. (have, any, questions)

    →　＿＿＿＿＿＿＿＿＿＿＿＿＿＿＿＿＿＿＿＿＿＿＿＿＿＿＿

4. 그는 올리브유가 좀 필요하다. (needs, some, olive oil)

    →　＿＿＿＿＿＿＿＿＿＿＿＿＿＿＿＿＿＿＿＿＿＿＿＿＿＿＿

5. 우리는 시간이 많지 않다. (have, much, time)

    →　＿＿＿＿＿＿＿＿＿＿＿＿＿＿＿＿＿＿＿＿＿＿＿＿＿＿＿

6. 그 남자아이는 친구가 거의 없다. (has, few, friends)

    →　＿＿＿＿＿＿＿＿＿＿＿＿＿＿＿＿＿＿＿＿＿＿＿＿＿＿＿

7. 당신은 아는 외국인이 있어요? (know, any, foreigners)

    →　＿＿＿＿＿＿＿＿＿＿＿＿＿＿＿＿＿＿＿＿＿＿＿＿＿＿＿

8. 그녀는 몇 개 단어를 기억한다. (remembers, a few, words)

    →　＿＿＿＿＿＿＿＿＿＿＿＿＿＿＿＿＿＿＿＿＿＿＿＿＿＿＿

9. 나는 거기에 버터를 조금 넣어요. (put, a little, butter, in it)

    →　＿＿＿＿＿＿＿＿＿＿＿＿＿＿＿＿＿＿＿＿＿＿＿＿＿＿＿

10. 많은 사람들이 이 공원에 온다. (a lot of, people, to this park)

    →　＿＿＿＿＿＿＿＿＿＿＿＿＿＿＿＿＿＿＿＿＿＿＿＿＿＿＿

UNIT **3** 셀 수 없는 명사의 수 세기

A 다음 영어 단어에는 우리말 뜻을 쓰고, 우리말 뜻에는 영어 단어를 쓰세요.

	단어	우리말 뜻		우리말 뜻	단어
1	add		16	한 숟가락 (가득한 양)	
2	bowl		17	(얇게 썬) 조각	
3	buy		18	(종이) 한 장	
4	flour		19	냄비	
5	give		20	조각	
6	juice		21	종이	
7	loaf		22	섞다	
8	make		23	만들다	
9	mix		24	(빵) 한 덩어리	
10	paper		25	주스	
11	piece		26	주다	
12	pot		27	밀가루	
13	sheet		28	사다	
14	slice		29	그릇	
15	spoonful		30	더하다, 추가하다	

$\mathcal{B}$ POINT를 참고하여 괄호 안에서 알맞은 것을 고르세요.

POINT

- She drinks **a glass of juice** every morning.
  There is **a piece of cake**.   I want **two kilos of sugar**.

셀 수 없는 명사는 한 개, 두 개로 수를 셀 수 없고, 그 명사가 담겨 있는 그릇이나 그 명사의 잘린 모양, 무게나 부피의 단위 등 '단위'를 이용해서 수를 센다.

1. 차 한 잔 → a (cup / can) of tea

2. 오렌지 주스 한 잔 → a (glass / bottle) of orange juice

3. 수프 한 그릇 → a (bowl / bottle) of soup

4. 빵 한 덩어리 → a (piece / loaf) of bread

5. 종이 한 장 → a (loaf / sheet) of paper

6. 참치 한 캔 → a (can / bowl) of tuna

7. 설탕 한 봉지 → a (bottle / bag) of sugar

8. 소금 한 숟가락 → a (spoon / spoonful) of salt

$\mathcal{C}$ 주어진 단어를 알맞은 형태로 빈칸에 쓰세요.

1. glass   two _____ of water 물 두 잔

2. cup   five _____ of coffee 커피 다섯 잔

3. piece   six _____ of cheese 치즈 여섯 조각

4. liter   one _____ of milk 우유 1리터

5. bowl   four _____ of rice 밥 네 그릇

6. kilo   10 _____ of flour 밀가루 10킬로

7. spoonful   three _____ of sugar 설탕 세 숟가락

8. sheet   seven _____ of paper 종이 일곱 장

D 보기에서 맞는 단어를 골라 빈칸에 알맞은 형태로 쓰세요.

보기   bag   bottle   bowl   glass   liter   loaf   piece

1. I need two _____ of sugar.
나는 설탕 두 봉지가 필요하다.

2. She wants four _____ of water.
그녀는 물 4리터를 원한다.

3. We have three _____ of bread.
우리는 빵 세 덩어리가 있다.

4. There are five _____ of cake.
케이크가 다섯 조각 있다.

5. He eats three _____ of rice every day.
그는 매일 밥을 세 그릇 먹는다.

6. We have a _____ of apple juice.
우리는 사과 주스가 한 병 있다.

7. I drink two _____ of milk every morning.
나는 매일 아침 우유를 두 잔 마신다.

E 우리말과 같은 뜻이 되도록 빈칸에 알맞은 단어를 쓰세요. (필요한 경우 단어를 복수형으로 쓰세요.)

1. 나는 콜라 두 캔이 필요하다.   → I need two _____ of cola.

2. 그녀는 쌀 10킬로를 원한다.   → She wants 10 _____ of rice.

3. 주스 두 잔이 있다.   → There are two _____ of juice.

4. 우리는 물이 두 병 있다.   → We have two _____ of water.

5. 그 아이는 수프를 한 그릇 먹는다.   → The child eats a _____ of soup.

6. 피자 두 조각 주세요.   → Give me two _____ of pizza.

7. 나는 설탕 두 숟가락을 넣는다.   → I put two _____ of sugar.

F 우리말 뜻을 참고하여 틀린 부분을 바르게 고쳐 문장을 다시 쓰세요.

1. **They need three bottle of water.** 그들은 물 세 병이 필요하다.

   →＿＿＿＿＿＿＿＿＿＿＿＿＿＿＿＿＿＿＿＿＿＿＿＿

2. **The boy drinks two glass of colas.** 그 남자아이는 콜라 두 잔을 마신다.

   →＿＿＿＿＿＿＿＿＿＿＿＿＿＿＿＿＿＿＿＿＿＿＿＿

3. **Give me three kilo of sugar.** 설탕 3킬로 주세요.

   →＿＿＿＿＿＿＿＿＿＿＿＿＿＿＿＿＿＿＿＿＿＿＿＿

4. **I eat two slice of pizzas.** 나는 피자 두 조각을 먹는다.

   →＿＿＿＿＿＿＿＿＿＿＿＿＿＿＿＿＿＿＿＿＿＿＿＿

5. **She has 10 sheet of papers.** 그녀는 종이 열 장을 갖고 있다.

   →＿＿＿＿＿＿＿＿＿＿＿＿＿＿＿＿＿＿＿＿＿＿＿＿

Challenge! G 주어진 단어들을 써서 우리말과 같은 뜻의 영어 문장을 쓰세요. (필요한 단어들을 추가하고, 단위 명사는 필요한 경우 복수형으로 쓰세요.)

1. 그녀는 소금 한 봉지가 필요하다. (needs, bag, salt)

   →＿＿＿＿＿＿＿＿＿＿＿＿＿＿＿＿＿＿＿＿＿＿＿＿

2. 나는 사과주스가 두 병 있다. (have, bottle, apple juice)

   →＿＿＿＿＿＿＿＿＿＿＿＿＿＿＿＿＿＿＿＿＿＿＿＿

3. 그는 매일 빵 세 덩어리를 산다. (buys, loaf, bread, every day)

   →＿＿＿＿＿＿＿＿＿＿＿＿＿＿＿＿＿＿＿＿＿＿＿＿

4. 상자에 케이크 두 조각이 있다. (there are, piece, cake, in the box)

   →＿＿＿＿＿＿＿＿＿＿＿＿＿＿＿＿＿＿＿＿＿＿＿＿

5. 앤은 매일 아침 차를 한 잔 마신다. (Anne, drinks, cup, tea, every morning)

   →＿＿＿＿＿＿＿＿＿＿＿＿＿＿＿＿＿＿＿＿＿＿＿＿

UNIT 4 기수와 서수

A 다음 영어 단어에는 우리말 뜻을 쓰고, 우리말 뜻에는 영어 단어를 쓰세요.

	단어	우리말 뜻		우리말 뜻	단어
1	building		16	내일	
2	clinic		17	특별한	
3	day		18	아들	
4	February		19	9월	
5	floor		20	방	
6	grade		21	소설	
7	guest		22	달, 월	
8	gym		23	체육관	
9	month		24	손님	
10	novel		25	학년	
11	room		26	층	
12	September		27	2월	
13	son		28	하루, 날, 요일, 낮	
14	special		29	(개인) 병원	
15	tomorrow		30	건물	

B POINT를 참고하여 괄호 안에서 알맞은 것을 고르세요.

1. She has (three / third) cats. 그녀는 고양이가 세 마리 있다.

2. I am in the (five / fifth) grade. 나는 5학년이다.

3. My birthday is June (twenty / twentieth). 내 생일은 6월 20일이다.

4. There are (four / fourth) chairs. 의자가 네 개 있다.

5. He is the (one / first) son. 그는 첫째 아들이다.

6. They live on the (ten / tenth) floor. 그들은 10층에 산다.

7. The woman has (six / sixth) children. 그 여성은 자녀가 여섯 명 있다.

C POINT를 참고하여 우리말 뜻에 맞게 빈칸에 알맞은 서수를 쓰세요.

1. 오늘은 그 아이의 일곱 번째 생일이다.

   → Today is the child's _____ birthday.

2. 크리스마스는 12월 25일이다.

   → Christmas is December twenty-_____.

3. 조셉은 6학년이다.

   → Joseph is in the _____ grade.

4. 애니는 셋째 딸이다.

   → Annie is the _____ daughter.

D 우리말과 같은 뜻이 되도록 빈칸에 알맞은 기수나 서수를 쓰세요.

1. 그 여성은 아들이 셋 있다.
   → The woman has _____ sons.

2. 그는 넷째 아들이다.
   → He is the _____ son.

3. 오늘은 4월 9일이다.
   → Today is April _____.

4. 우리는 토마토가 5개 필요하다.
   → We need _____ tomatoes.

5. 하루에는 24시간이 있다.
   → A day has _____ hours.

6. 그 식당은 2층에 있어요.
   → The restaurant is on the _____ floor.

E 우리말 뜻을 참고하여 밑줄 친 부분을 바르게 고치세요.

1. The shop is on the <u>one</u> floor.　　　　→ _____
   그 상점은 1층에 있다.

2. His birthday is May <u>fifteen</u>.　　　　→ _____
   그의 생일은 5월 15일이다.

3. The child has <u>second</u> brothers.　　　　→ _____
   그 아이는 남자 형제가 두 명 있다.

4. Today is her <u>eight</u> birthday.　　　　→ _____
   오늘은 그녀의 여덟 번째 생일이다.

5. Emily is <u>thirteenth</u> years old.　　　　→ _____
   에밀리는 열세 살이다.

6. John is in the <u>three</u> grade.　　　　→ _____
   존은 3학년이다.

주어진 단어들과 알맞은 기수나 서수를 영어로 써서 우리말과 같은 뜻의 영어 문장을 쓰세요.

1. 나는 이모가 두 분 계시다. (have, I, aunts)

    → _____

2. 우리 교실은 3층에 있다. (my classroom, on the, is, floor)

    → _____

3. 일주일은 7일이다. (a week, days, has)

    → _____

4. 제임스는 4학년이다. (grade, James, in the, is)

    → _____

5. 우리 엄마는 42세다. (is, years old, my mom)

    → _____

6. 2월은 두 번째 달이다. (February, the, is, month)

    → _____

7. 너는 가방이 2개니? (do, have, you, bags)

    → _____

8. 그녀는 첫째 딸이다. (the, daughter, she, is)

    → _____

9. 우리 집에는 책상이 3개 있다. (there, desks, are, in my house)

    → _____

10. 그의 생일은 12월 8일이다. (is, birthday, December, his)

    → _____

문법 개념 잡고 쓰기에 강해지는
초등 필수 문법서

기적의 초등 영문법 1

워크북 활용하기

- **단어 테스트** 각 Unit에 등장하는 주요 영어 단어의 철자와 우리말 뜻을 확인합니다.

- **문법 포인트 체크** 본책에서 학습한 문법 포인트를 제대로 이해했는지 한 번 더 점검하며 복습합니다.
  틀린 부분을 고치거나 빈칸을 채워 문장을 완성하는 문제를 풀며 문법 규칙을 완전히 깨칩니다.

- **Challenge!** 배운 문법을 응용하여 전체 문장을 완성해 보는 챌린지 문제는 쓰기 실력을 한 단계 높여
  주고 영어 자신감을 키워줍니다.